앞서가는 주니어를 위한 HSK 1급

임신영 지음 | 전긍 감수

무료 MP3 듣는 방법

다락원 홈페이지에서 내려받기
PC나 모바일 기기에서 인터넷을 켜고 다락원 홈페이지(www.darakwon.co.kr) 자료실로 오세요. MP3 파일을 무료로 이용할 수 있습니다.

QR코드 찍어 바로 연결하기
스마트폰으로 이 QR코드를 찍어 이 책의 자료실로 바로 연결해 보세요. MP3 파일을 무료로 이용할 수 있습니다.

콜롬북스 APP 활용하기
스마트폰에 콜롬북스 APP을 내려받은 후, 이 책을 검색해 보세요. MP3 파일을 무료로 이용할 수 있습니다.

앞서가는 주니어를 위한 HSK 1급

지은이 임신영
펴낸이 정규도
펴낸곳 (주)다락원

초판 1쇄 발행 2020년 9월 15일

기획·편집 이상윤, 이원정
디자인 박나래, 박선영
사진 Shutterstock
녹음 朴龙君, 曹红梅, 허강원

다락원 경기도 파주시 문발로 211
전화 (02)736-2031 (내선 250~252 / 내선 430, 439)
팩스 (02)732-2037
출판등록 1977년 9월 16일 제406-2008-000007호

정가 13,500원 (MP3 무료 다운로드)

ISBN 978-89-277-2279-3 64720
    978-89-277-2278-6 (set)

Photo Credits
Twin Design (p. 30) | estherpoon (p. 36) | Ilia Rudiakov (p. 42)
Burdun Iliya (p. 60) | Cincila (p. 78 / p. 91 / p. 118) | Amatour007 (p. 90 / p. 110)
Anton_Ivanov (p. 91) | IR Stone (p. 110) | Sorbis (p. 122)

www.darakwon.co.kr
다락원 홈페이지를 방문하시면 상세한 출판 정보와 함께 동영상 강좌, MP3 자료 등 다양한 어학 정보를 얻으실 수 있습니다.

저자의 말

중국어 학습에 대한 사람들의 수요와 관심이 커지며 중국어 학습을 위한 새로운 플랫폼과 다양한 콘텐츠가 빠른 속도로 증가하고 있습니다. 최근 초등학교 방과 후 수업에서도 중국어가 매우 인기 있는 과목으로 자리 잡으며, 중국어 학습자의 연령층 또한 점점 낮아지고 있습니다. 제가 처음 방과 후 중국어 수업을 시작했을 때, 제 목표는 '아이들이 꾸준히 즐겁게 중국어를 배울 수 있도록 흥미를 갖게 해주는 선생님이 되자!'였습니다. 그래서 학생들이 중국어 시험을 위한 공부를 하지 않도록 회화에 중점을 두고 수업을 진행했습니다.

어느 날, 1년 동안 저와 중국어를 공부한 학생이 중국어 능력 시험에 대해 묻기에 HSK에 대해 알려주었습니다. 그 학생이 스스로 HSK 2급에 도전해 자랑스러운 표정으로 제게 합격증을 보여주던 날을 기억합니다. 시험은 즐거운 학습을 방해하고 평가를 위한 것이라 여겼던 제 생각과 달리 스스로 배운 내용을 확인하고 시험을 준비하며 학습 성취도를 높여가는 학생들을 보며, 저도 중국어 수업 방향을 좀 더 다채롭게 변화시키고자 노력했습니다.

본 교재는 그런 노력의 결실로 탄생해 여러분들과 만나게 되었습니다. 단순히 HSK 급수 성적표만을 위한 것이 아니라, 즐거운 학습을 통해 실력을 쌓은 중국어 학습자가 마지막으로 시험을 통해 자신의 노력과 성취를 확인할 수 있는 과정을 돕고자 기획하였습니다. 시중에 HSK 1, 2급 교재는 많지 않고, 주니어 학습자를 위한 교재는 더욱 부족합니다. 본 교재는 자격 시험에 익숙하지 않은 주니어 학습자가 실제 시험에서 본인의 역량을 최대한 발휘할 수 있도록 훈련하는 데 중점을 두어 구성하였습니다.

외국어 학습은 지속적인 반복 학습과 꾸준한 노력이 성패를 가릅니다. 학습자는 자연스러운 회화를 통해 단어를 외우고, 어법을 익히고, 단어와 단어의 조합으로 파생되는 어휘를 늘려가면서 중국어 학습의 깊이와 재미를 느낄 수 있을 것입니다. 여러분 모두 HSK 1, 2급을 넘어 다음 단계로 탄탄하게 도약하여 학습의 즐거움을 놓치지 않는 중국어 학습자가 되길 바랍니다.

임신영

『앞서가는 주니어를 위한 HSK 1급』은 크게 'HSK 1급 필수 단어', 문제 유형을 익히는 'HSK 실전 문제', 'HSK 실전 모의고사'로 구성되어 있습니다.

HSK 1급 필수 단어

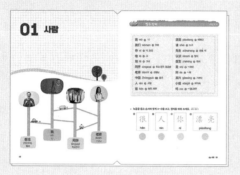

HSK 필수 단어

HSK 1급 필수 단어 150개를 주제별로 외워 보세요! 사진을 보며 단어의 뜻을 추측해 보고, 녹음을 듣고, 한자도 따라 쓴 다면 150개 단어는 문제없이 금방 외울 수 있을 거예요!

➕ 1급 단어는 아니지만 HSK 1급 시험에 자주 나오는 단어예요.

단어끼리 합체

단어와 단어가 합쳐져서 새 단어가 되는 놀라운 사실!
새 단어는 무슨 의미인지 함께 알아봐요.

문장으로 합체

여러 단어가 모여서 문장으로 합체했어요.
단어의 뜻을 생각하며 어떤 의미를 나타내는 문장인지 함께 알아봐요.

스스로 확인

HSK 1급 필수 단어를 잘 외웠는지 다양한 문제를 통해 확인해 보세요.

MP3 파일 다운로드

원어민의 녹음이 담긴 MP3 파일을 다운로드하세요.

쏙쏙! 문제 유형
콕콕! 풀이 꿀팁

HSK 1급에 나오는 8가지 문제 유형을 알아보고, 술술 잘 풀 수 있는 요령을 알려줘요.

OK! 실전 확인

문제 유형을 이해했다면, 이제 직접 풀어볼 차례! 공부한 내용을 바탕으로 HSK 1급 문제를 풀어 보세요.

내가 완성하는 듣기 대본

녹음을 듣고 빈칸을 채워 보세요. 듣기 실력도 쏙쏙! 한자 실력도 쏙쏙!

HSK 1급 필수 어법

HSK에 꼭 나오는 중국어 어법을 설명해요. 어법을 이해하면 문제 풀이가 훨씬 쉬워져요.

실제 시험과 같은 형식의 모의고사를 2회 풀어 보며 시험장에 가기 전 마지막 점검하기!

합격증 다운로드

총점 120점이 넘었다면 다락원 홈페이지 자료실에서 합격증을 다운로드해 보세요.

정답과 해설

문제의 정답과 모의고사 해설, 녹음 대본이 있어요.

HSK는 'Hànyǔ Shuǐpíng Kǎoshì'의 한어병음 이니셜을 딴 국제 한어능력표준화 수평고시로서, 중국어가 제1언어가 아닌 사람이 생활·학습·업무 중에 쓸 수 있는 중국어 능력을 평가하는 데 중점을 두고 있습니다. 1~2급은 듣기·독해 두 영역으로, 3~6급은 듣기·독해·쓰기 세 영역으로 평가하는 시험이며, 1급~6급으로 나뉘어 급수별로 각각 실시됩니다.

① 등급

등급	어휘량	수준
1급	150단어 이상	간단한 중국어 단어와 문장을 이해하고 사용할 수 있으며, 기초적인 일상 회화를 할 수 있다.
2급	300단어 이상 (2급 150개+1급 150개)	중국어로 간단하게 일상생활에서 일어나는 화제에 대해 이야기 할 수 있다.
3급	600단어 이상 (3급 300개+1~2급 300개)	중국어로 일상생활, 학습, 업무 등 각 분야의 상황에서 기본적인 회화를 할 수 있다. 또한 중국 여행 시 겪게 되는 대부분의 상황에 중국어로 대응할 수 있다.
4급	1,200단어 이상 (4급 600개+1~3급 600개)	여러 분야의 화제에 대해 중국어로 토론을 할 수 있다. 또한 비교적 유창하게 중국인과 대화하고 교류할 수 있다.
5급	2,500단어 이상 (5급 1,300개+1~4급 1,200개)	중국어 신문과 잡지를 읽을 수 있고, 중국어 영화 또는 TV 프로그램을 감상할 수 있다. 또한 중국어로 비교적 완전한 연설을 할 수 있다.
6급	5,000단어 이상 (6급 2,500개+1~5급 2,500개)	중국어 정보를 듣거나 읽는 데 있어 쉽게 이해할 수 있으며, 중국어로 구두상 또는 서면상의 형식으로 자신의 견해를 유창하고 적절하게 전달할 수 있다.

② 시험 방식 및 종류

▶ PBT(Paper-Based Test): 기존 방식의 종이 시험지와 OMR답안지로 진행하는 시험

▶ IBT(Internet-Based Test): 컴퓨터로 진행하는 시험

※ PBT와 IBT는 시험 효력 등이 동일하고, HSK 성적은 시험일로부터 2년간 유효합니다.

③ 시험 접수

정확한 시험 일정은 HSK 한국사무국 홈페이지(www.hsk.or.kr)에 게시된 일정을 참고하세요. 접수 완료 후에는 '응시 등급, 시험 일자, 시험 장소, 시험 방법(예: HSK PBT→HSK IBT)' 변경이 불가합니다.

인터넷 접수	HSK 한국사무국 홈페이지(www.hsk.or.kr) 또는 HSK시험센터(www.hsk-korea.co.kr) 홈페이지에 접속하여 접수
우편 접수	구비 서류를 준비하여 등기 발송 접수 **구비 서류** 사진을 부착한 응시원서, 별도 사진 1장, 응시비 입금영수증 **보낼 주소** (06336) 서울특별시 강남구 강남우체국 사서함 115호 〈HSK 한국사무국〉
방문 접수	구비 서류를 지참하여 접수처를 방문하여 접수 **구비 서류** 응시원서, 사진 3장, 응시비 **접수처** 서울특별시 강남구 테헤란로5길 24(역삼동635-17) 장연빌딩 2층 〈서울공자아카데미〉 **접수 가능 시간** 평일 오전 9시 30분~12시, 오후 1시~5시 30분 / 토요일 오전 9시 30분~12시

4 시험 당일 준비물

수험표, 유효 신분증(여권, 청소년증, HSK신분확인서 중 하나), 2B연필, 지우개

5 성적 조회 및 수령 방법

▶ **성적 조회**   PBT 성적은 시험일로부터 1개월 후, IBT 성적은 시험일로부터 2주 후, 중국고시센터에서 조회할 수 있습니다.

▶ **성적표 수령**   HSK 성적표는 시험일로부터 45일 후 접수 시 선택한 방법(우편 또는 방문)으로 수령합니다.

▶ **성적 유효기간**   HSK 성적은 시험일로부터 2년간 유효합니다.

▶ **성적표 예시**

1 응시 대상

HSK 1급은 매주 2~3시간씩 1학기(40~60시간) 정도의 중국어를 학습하고, 150개의 상용 어휘와 관련 어법 지식을 마스터한 학습자를 대상으로 합니다.

2 시험 구성 및 시간 배분

▶ HSK 1급은 총 40문제로 듣기, 독해 영역으로 나뉩니다.

▶ 각 영역별 점수는 100점 만점이며, 총점은 200점 만점입니다. 총점이 120점 이상이면 합격입니다.

▶ 총 40문항을 풀며, 총 시험 시간은 약 40분입니다. (응시자 개인 정보 작성 시간 5분 포함)

▶ HSK 1~2급의 문제에는 한어병음이 표기되어 있습니다.

▶ 듣기 영역에 대한 답안은 듣기 시험 시간 종료 후 주어지는 시간(3분) 안에 답안지에 마킹해야 합니다. 독해 영역은 별도의 답안지 작성 시간이 주어지지 않으므로, 해당 영역 시간에 바로 답안지에 마킹해야 합니다.

영역	문제 형식		문항 수	시험 시간	점수
듣기 (听力)	제1부분 | 단어나 구 듣고 사진과 일치하는지 판단하기	5	20	약 15분	100점
	제2부분 | 문장 듣고 일치하는 사진 고르기	5			
	제3부분 | 대화 듣고 일치하는 사진 고르기	5			
	제4부분 | 문장 듣고 질문에 답하기	5			
듣기 영역 답안 작성 시간				3분	
독해 (阅读)	제1부분 | 제시된 사진과 단어가 일치하는지 판단하기	5	20	약 17분	100점
	제2부분 | 제시된 문장에 상응하는 사진 고르기	5			
	제3부분 | 제시된 질문에 상응하는 대답 고르기	5			
	제4부분 | 빈칸에 알맞은 단어 고르기	5			
총계			40문항	약 35분	200점 만점

차례

일러두기 품사는 다음과 같은 약어로 표기했습니다.

품사	약자	품사	약자	품사	약자
명사/고유명사	명 / 고유	부사	부	접속사	접
대명사	대	수사	수	감탄사	감
동사	동	양사	양	조사	조
조동사	조동	수량사	수량	의성사	의성
형용사	형	개사	개	성어	성

HSK 1급
필수 단어

HSK 1급에 합격하기 위해 필수로 외워야 할 단어는 150개입니다.

150개 단어를 주제별로 나누어 더욱 쉽게 외워 보세요.

필수 단어와 함께 자주 출제되는 단어도 함께 외워 보세요.

★ 자주 출제되는 사진들을 익혀 보세요.

01 사람

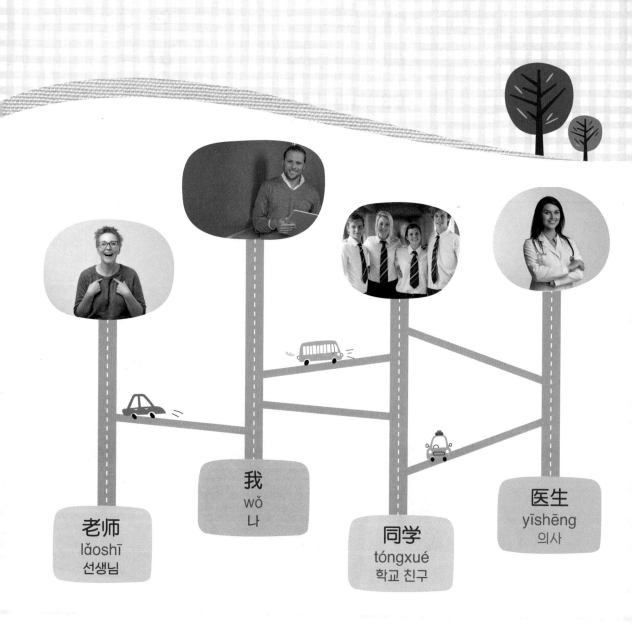

老师
lǎoshī
선생님

我
wǒ
나

同学
tóngxué
학교 친구

医生
yīshēng
의사

我 wǒ 대 나

我们 wǒmen 대 우리

你 nǐ 대 너, 당신

他 tā 대 그

她 tā 대 그녀

同学 tóngxué 명 학교 친구, 동급생

老师 lǎoshī 명 선생님

中国 Zhōngguó 고유 중국

人 rén 명 사람

很 hěn 부 매우, 아주

漂亮 piàoliang 형 예쁘다

谁 shéi 대 누구

先生 xiānsheng 명 선생, 씨

认识 rènshi 동 알다

医生 yīshēng 명 의사

是 shì 동 ~이다

的 de 조 ~의

高兴 gāoxìng 형 기쁘다

小姐 xiǎojiě 명 아가씨

吗 ma 조 ~입니까?

● 녹음을 듣고 순서에 맞게 A~D를 쓰고, 한자를 따라 쓰세요. ◀01-02▶

❶
hěn

❷
rén

❸
nǐ

❹
piàoliang

1 두 단어를 합쳐서 새 단어를 만들고 한어병음을 쓰세요.

| 中国
Zhōngguó
중국 | + | 人
rén
사람 | → | 中国人
─────────
중국인 |

2 두 단어의 일부를 합쳐서 만들어진 새 단어의 한어병음을 쓰세요.

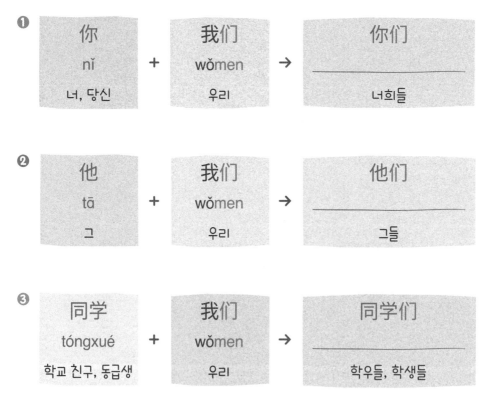

❶

| 你
nǐ
너, 당신 | + | 我们
wǒmen
우리 | → | 你们
─────────
너희들 |

❷

| 他
tā
그 | + | 我们
wǒmen
우리 | → | 他们
─────────
그들 |

❸

| 同学
tóngxué
학교 친구, 동급생 | + | 我们
wǒmen
우리 | → | 同学们
─────────
학우들, 학생들 |

3 자주 함께 쓰이는 단어를 알아 보아요.

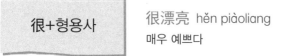

很+형용사

很漂亮 hěn piàoliang
매우 예쁘다

很高兴 hěn gāoxìng
매우 기쁘다

문장으로 합체

- 단어의 뜻을 생각하며, 빈칸을 알맞게 채우세요.

Tā hěn piàoliang, tā shì shéi?
① 她很漂亮，她是谁?

그녀는 매우 _____ . 그녀는 _____ ?

Tā shì wǒ de lǎoshī.
她是我的老师。

그녀는 나의 _____ 입니다.

Xiè xiānsheng shì yīshēng ma?
② 谢先生是医生吗? 씨에 씨는 _____ 인가요?

Shì de, tā shì yīshēng.
是的，他是医生。 네, _____ 는 의사입니다.

Tā shì Zhōngguórén, shì wǒ de tóngxué.
③ 他是中国人，是我的同学。

그는 _____ 이고, 나의 _____ 입니다.

Hěn gāoxìng rènshi nǐ.
很高兴认识你。 만나서 반갑습니다.

Zhāng lǎoshī shì Zhōngguórén ma?
④ 张老师是中国人吗? 장 선생님은 _____ 인가요?

Tā bú shì Zhōngguórén
她不是中国人。 그녀는 _____ 이 아닙니다.

1 녹음 내용과 다음 단어가 일치하면 ○표, 일치하지 않으면 ×표 하세요. ◀ 01-04 ▶

❶ **的** de

❷ **吗** ma

❸ **谁** shéi

2 사진을 보고, 어울리는 단어를 모두 골라 ○표 하세요.

❶

他们　她们　同学
老师　医生　先生

❷

她们　认识　高兴
谁　先生　小姐

3 빈칸에 들어갈 알맞은 한자를 아래에서 골라 문장을 완성하세요.

> 同学　　是　　高兴　　她　　认识

❶

她	很	漂	亮	。				
Tā	hěn	piàoliang		.				

그녀는 매우 예뻐요.

❷

我	很	高兴		。				
Wǒ	hěn	gāoxìng		.				

나는 매우 기뻐요.

❸

你	认识	他	吗	？				
Nǐ	rènshi	tā	ma	?				

당신은 그를 아나요?

❹

王	医	生	是	中	国	人	。	
Wáng	yīshēng		shì	Zhōngguórén			.	

왕 의사 선생님은 중국인입니다.

❺

他	是	我	的	同学	。			
Tā	shì	wǒ	de	tóngxué	.			

그는 내 학교 친구입니다.

02 날짜·요일

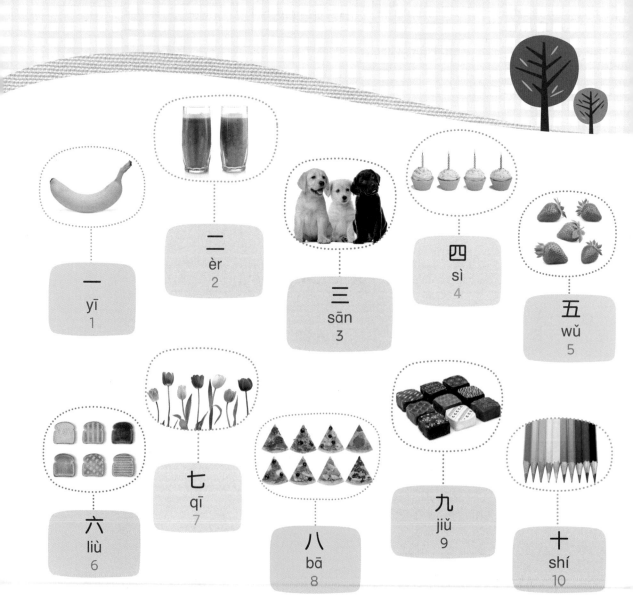

一
yī
1

二
èr
2

三
sān
3

四
sì
4

五
wǔ
5

六
liù
6

七
qī
7

八
bā
8

九
jiǔ
9

十
shí
10

一 yī ㉜ 1, 하나	年 nián ⑲ 해, 년
二 èr ㉜ 2, 둘	月 yuè ⑲ 월, 달
三 sān ㉜ 3, 셋	号 hào ⑱ 일 [날짜를 가리킴]
四 sì ㉜ 4, 넷	今天 jīntiān ⑲ 오늘
五 wǔ ㉜ 5, 다섯	昨天 zuótiān ⑲ 어제
六 liù ㉜ 6, 여섯	明天 míngtiān ⑲ 내일
七 qī ㉜ 7, 일곱	星期 xīngqī ⑲ 요일
八 bā ㉜ 8, 여덟	几 jǐ ⑭ 몇
九 jiǔ ㉜ 9, 아홉	➕ 今年 jīnnián ⑲ 올해
十 shí ㉜ 10, 열	➕ 星期天 xīngqītiān ⑲ 일요일

- 녹음을 듣고 순서에 맞게 A~D를 쓰고, 한자를 따라 쓰세요. 02-02

❶
年
nián

❷

jǐ

❸

hào

❹

xīngqī

1 두 단어를 합쳐서 새 단어를 만들고 한어병음을 쓰세요.

❶
五 wǔ 5, 다섯 **+** 月 yuè 월, 달 **→** 五月 _____ 5월

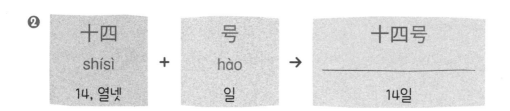

❷
十四 shísì 14, 열넷 **+** 号 hào 일 **→** 十四号 _____ 14일

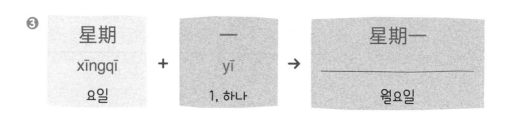

❸
星期 xīngqī 요일 **+** 一 yī 1, 하나 **→** 星期一 _____ 월요일

2 두 단어의 일부를 합쳐서 만들어진 새 단어의 한어병음을 쓰세요.

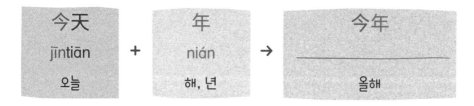

今天 jīntiān 오늘 **+** 年 nián 해, 년 **→** 今年 _____ 올해

3 자주 함께 쓰이는 단어를 알아 보아요.

| 星期+숫자 | 星期一 xīngqīyī 월요일 | 星期二 xīngqī'èr 화요일 | 星期三 xīngqīsān 수요일 | 星期四 xīngqīsì 목요일 | 星期五 xīngqīwǔ 금요일 | 星期六 xīngqīliù 토요일 | 星期天 xīngqītiān 일요일 |

- 단어의 뜻을 생각하며, 빈칸을 알맞게 채우세요.

① Jīntiān jǐ yuè jǐ hào?
今天几月几号? [   ]은 몇 월 며칠인가요?

Jīntiān wǔ yuè shísì hào.
今天五月十四号。 오늘은 [   ] 14일입니다.

② Zuótiān shì jǐ hào?
昨天是几号? [   ]는 며칠이었죠?

Zuótiān shì èrshí hào.
昨天是二十号。 어제는 [   ]입니다.

③ Míngtiān xīngqī jǐ?
明天星期几? [   ]은 무슨 요일인가요?

Míngtiān xīngqīsì.
明天星期四。 내일은 [   ]입니다.

④ Jīnnián shí'èr yuè sānshíyī hào shì xīngqī jǐ?
今年12月31号是星期几?
[   ] 12월 31일은 무슨 요일인가요?

Xīngqītiān.
星期天。 [   ]입니다.

1 녹음을 듣고 알맞은 날짜에 ○표 하고, '오늘'을 한자로 쓰세요.

힌트
昨天
今天
明天

일	월	화	수	목	금	토
	1	2	3	4	5	
6	7	8	9	10	11	12
13	14	15	16	17	18	19
20	21	22	23	24	25	26
27	28	29	30	31		

2 사진을 보고, 어울리는 단어를 모두 골라 ○표 하세요.

❶

星期	号	年
几	一	二

❷

三	四	五	六
七	八	九	十

3 빈칸에 들어갈 알맞은 한자를 아래에서 골라 문장을 완성하세요.

> 昨天　　今天　　星期五　　几　　明天

❶

	一	月	十	六	号	。	
Zuótiān	yī	yuè	shíliù		hào	.	

어제는 1월 16일입니다.

❷

今	天		号	?		
Jīntiān		jǐ	hào	?		

오늘은 며칠인가요?

❸

	十	七	号	。	
Míngtiān		shíqī	hào	.	

내일은 17일입니다.

❹

	星	期	几	?	
Jīntiān		xīngqī	jǐ	?	

오늘은 무슨 요일인가요?

❺

明	天			。	
Míngtiān		xīngqīwǔ		.	

내일은 금요일입니다.

03 시간·일과

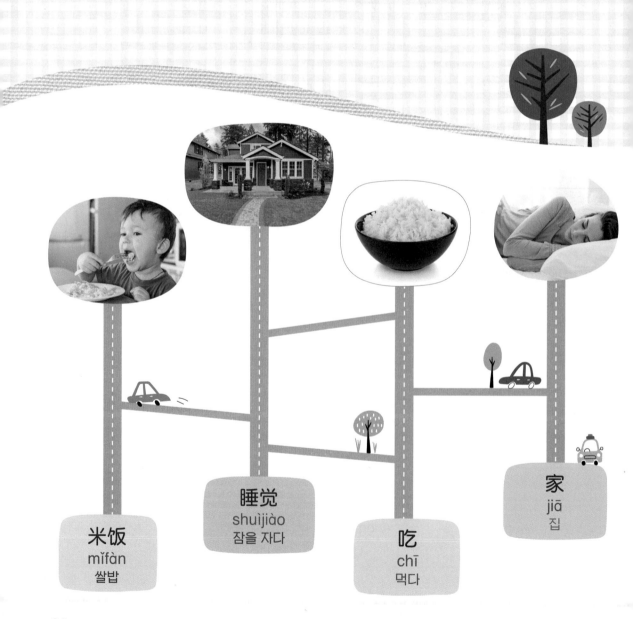

米饭
mǐfàn
쌀밥

睡觉
shuìjiào
잠을 자다

吃
chī
먹다

家
jiā
집

点 diǎn **양** 시

米饭 mǐfàn **명** 쌀밥, 밥

吃 chī **동** 먹다

学校 xuéxiào **명** 학교

去 qù **동** 가다

回 huí **동** 돌아가다, 돌아오다

家 jiā **명** 집

看 kàn **동** 보다

⊕午饭 wǔfàn **명** 점심밥

电视 diànshì **명** 텔레비전, TV

睡觉 shuìjiào **동** 잠을 자다

下午 xiàwǔ **명** 오후

什么 shénme **대** 무엇, 무슨

现在 xiànzài **명** 지금, 현재

中午 zhōngwǔ **명** 점심, 정오

做 zuò **동** (활동이나 일을) 하다

⊕分 fēn **양** 분

• 녹음을 듣고 순서에 맞게 A~D를 쓰고, 한자를 따라 쓰세요. ◀ 03-02 ▶

❶
zuò

❷
qù

❸ 回
huí

❹
diànshì

1 두 단어를 합쳐서 새 단어를 만들고 한어병음을 쓰세요.

| 回
huí
돌아가다 | + | 家
jiā
집 | → | 回家
_____
집으로 가다, 귀가하다 |

2 두 단어의 일부를 합쳐서 만들어진 새 단어의 한어병음을 쓰세요.

❶

| 吃
chī
먹다 | + | 米饭
mǐfàn
밥 | → | 吃饭
_____
밥을 먹다 |

❷

| 中午
zhōngwǔ
점심, 정오 | + | 米饭
mǐfàn
밥 | → | 午饭
_____
점심밥 |

❸

| 做
zuò
~하다 | + | 米饭
mǐfàn
밥 | → | 做饭
_____
밥을 하다 |

3 자주 함께 쓰이는 단어를 알아 보아요.

回+장소

回家 huí jiā
집으로 가다

回中国 huí Zhōngguó
중국으로 돌아가다

- 단어의 뜻을 생각하며, 빈칸을 알맞게 채우세요.

❶ Xiànzài jǐ diǎn?
现在几点? 지금 몇 [   ] 인가요?

Xiànzài liù diǎn.
现在六点。 지금은 [   ] 시입니다.

❷ Tā jǐ diǎn qù xuéxiào?
他几点去学校?

그는 몇 시에 [   ] 에 가나요?

Tā bā diǎn shíwǔ fēn qù xuéxiào.
他八点十五分去学校。 그는 8시 [   ] 에 학교에 갑니다.

❸ Nǐmen jǐ diǎn chī wǔfàn?
你们几点吃午饭? 당신들은 몇 시에 [   ] 을 먹나요?

Zhōngwǔ shí'èr diǎn.
中午12点。 [   ] 12시에요.

❹ Xiàwǔ wǔ diǎn nǐ zuò shénme?
下午五点你做什么? [   ] 5시에 당신은 무엇을 하나요?

Huí jiā kàn diànshì.
回家看电视。 집에 가서 [   ] 을 봅니다.

1 녹음을 듣고 빈칸을 우리말로 채워 일정표를 완성하세요. `03-04`

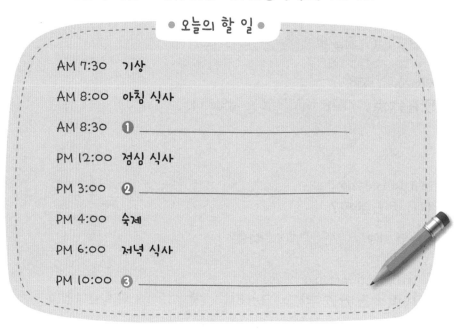

● 오늘의 할 일 ●

AM 7:30   **기상**

AM 8:00   **아침 식사**

AM 8:30   ❶ _____

PM 12:00   **점심 식사**

PM 3:00   ❷ _____

PM 4:00   **숙제**

PM 6:00   **저녁 식사**

PM 10:00   ❸ _____

2 사진을 보고, 어울리는 단어를 모두 골라 ○표 하세요.

❶

点   学校   现在   什么

下午   回家   分

❷

吃   睡觉   饭   电视

看   他们   学校

3 빈칸에 들어갈 알맞은 한자를 아래에서 골라 문장을 완성하세요.

下午　　睡觉　　现在　　吃　　看

❶

		八	点	四	十	分	。	
Xiànzài		bā	diǎn	sìshí		fēn	.	

지금은 8시 40분입니다.

❷

昨	天	你	几	点		？	
Zuótiān		nǐ	jǐ	diǎn	shuìjiào	？	

어제 너는 몇 시에 잤어?

❸

		你	做	什	么	？		
Xiàwǔ		nǐ	zuò	shénme		？		

오후에 당신은 무엇을 하나요?

❹

回	家		电	视	。	
Huí	jiā	kàn	diànshì		.	

집에 가서 텔레비전을 봅니다.

❺

中	午	十	二	点		午	饭	。
Zhōngwǔ		shí'èr	diǎn	chī		wǔfàn		.

낮 12시에 점심밥을 먹습니다.

04 날씨·계획

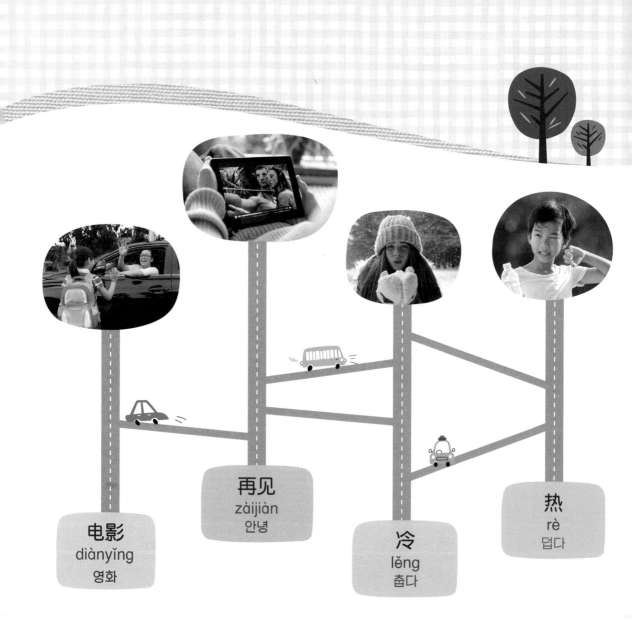

电影
diànyǐng
영화

再见
zàijiàn
안녕

冷
lěng
춥다

热
rè
덥다

北京 Běijīng 고유 베이징

下雨 xiàyǔ 동 비가 오다

热 rè 형 덥다

冷 lěng 형 춥다

天气 tiānqì 명 날씨

电影 diànyǐng 명 영화

再见 zàijiàn 동 안녕, 또 만나자

好 hǎo 형 좋다

➕见 jiàn 동 보다, 만나다

会 huì 조동 ~할 수 있다

来 lái 동 오다

上午 shàngwǔ 명 오전

怎么样 zěnmeyàng 대 어떻다

不 bù 부 ~ 아니다

太 tài 부 너무, 매우

时候 shíhou 명 때, 시각

➕后天 hòutiān 명 모레

● 녹음을 듣고 순서에 맞게 A~D를 쓰고, 한자를 따라 쓰세요. 04-02

❶
lái

❷
tài

❸
rè

❹
tiānqì

1 두 단어를 합쳐서 새 단어를 만들고 한어병음을 쓰세요.

❶

| 不
bù
아니다 | **+** | 太
tài
너무, 매우 | **→** | 不太
_____
그다지 ~하지 않다 |

❷
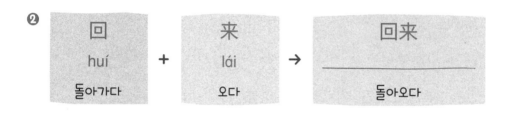

| 回
huí
돌아가다 | **+** | 来
lái
오다 | **→** | 回来
_____
돌아오다 |

❸

| 再
zài
또, 다시 | **+** | 见
jiàn
보다, 만나다 | **→** | 再见
_____
안녕, 또 만나자 |

❹
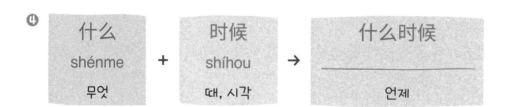

| 什么
shénme
무엇 | **+** | 时候
shíhou
때, 시각 | **→** | 什么时候
_____
언제 |

2 자주 함께 쓰이는 단어를 알아 보아요.

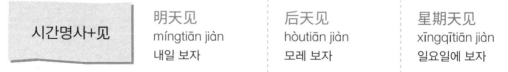

| 시간명사+见 | 明天见
míngtiān jiàn
내일 보자 | 后天见
hòutiān jiàn
모레 보자 | 星期天见
xīngqītiān jiàn
일요일에 보자 |

- 단어의 뜻을 생각하며, 알맞게 빈칸을 채우세요.

❶ Běijīng de tiānqì zěnmeyàng?
北京的天气怎么样? 베이징의 [   ] 는 어떤가요?

Hěn hǎo, bù lěng bú rè.
很好，不冷不热。 아주 좋아요. [   ] 도 않고, [   ] 도 않아요.

❷ Hòutiān tiānqì zěnmeyàng?
后天天气怎么样? [   ] 날씨는 어때요?

Bú tài hǎo, huì xiàyǔ de.
不太好，会下雨的。 별로예요. 아마 [   ] 가 올 거예요.

❸ Wáng lǎoshī shénme shíhou huílái?
王老师什么时候回来? 왕 선생님은 [   ] 돌아오시나요?

Xīngqīwǔ shàngwǔ huílái.
星期五上午回来。 금요일 [   ] 에 돌아오세요.

❹ Xīngqīliù wǒmen qù kàn diànyǐng, zěnmeyàng?
星期六我们去看电影，怎么样?
토요일에 우리 [   ] 보러 가요, 어때요?

Hǎo de, xīngqīliù jiàn!
好的，星期六见! 좋아요, [   ] 에 만나요!

1 녹음을 듣고 지역별로 알맞은 날씨를 아래에서 골라 중국의 날씨를 완성하세요. ◀ 04-04

> 很好　　不太热　　很冷　　下雨　　不冷
> hěn hǎo　　bú tài rè　　hěn lěng　　xiàyǔ　　bù lěng

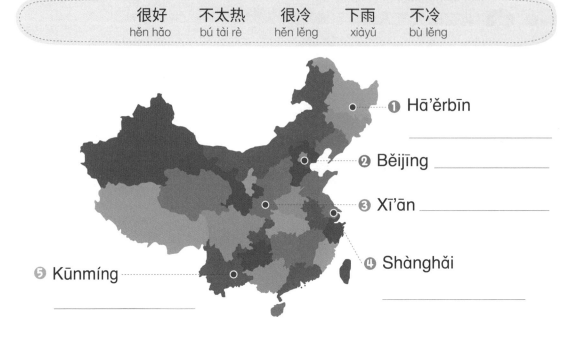

❶ Hā'ěrbīn _____

❷ Běijīng _____

❸ Xī'ān _____

❹ Shànghǎi

❺ Kūnmíng _____

2 사진을 보고, 어울리는 단어를 모두 골라 ○표 하세요.

❶

> 下雨　　来　　好
> 上午　　天气　　热

❷

> 会　　你好　　时候
> 怎么样　　电影　　再见

3 빈칸에 들어갈 알맞은 한자를 아래에서 골라 문장을 완성하세요.

怎么样　　见　　时候　　热　　电影

❶

今	天	天	气			?	
Jīntiān		tiānqì		zěnmeyàng		?	

오늘 날씨는 어떤가요?

❷

很	好	,	不	冷	不		。
Hěn	hǎo	,	bù	lěng	bú	rè	.

좋아요. 덥지도 않고 춥지도 않아요.

❸

你	什	么		回	来	?	
Nǐ	shénme		shíhou	huílái		?	

당신은 언제 돌아오나요?

❹

我	们	去	看		吧	。	
Wǒmen	qù	kàn	diànyǐng		ba	.	

우리 영화 보러 가요.

❺

星	期	四	!				
Xīngqīsì		jiàn	!				

목요일에 만나요!

05 교통수단·나이

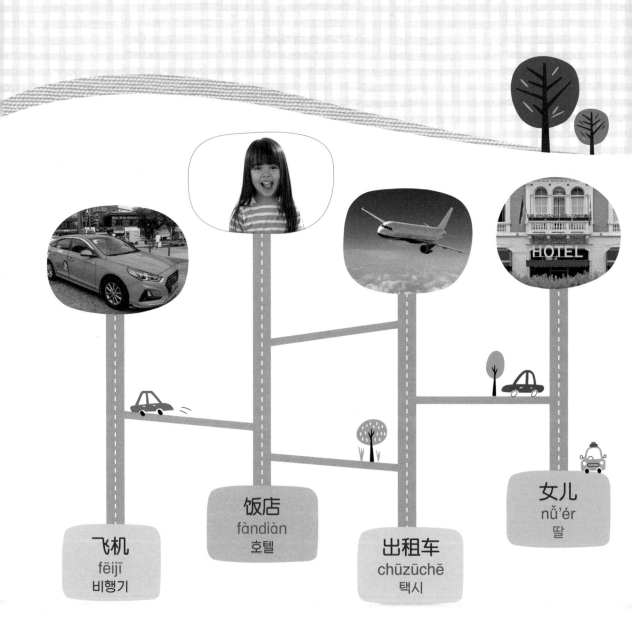

飞机
fēijī
비행기

饭店
fàndiàn
호텔

出租车
chūzūchē
택시

女儿
nǚ'ér
딸

开 kāi 동 운전하다, 열다

坐 zuò 동 (교통수단을) 타다

出租车 chūzūchē 명 택시

飞机 fēijī 명 비행기

医院 yīyuàn 명 병원

饭店 fàndiàn 명 호텔

看见 kànjiàn 동 보다, 보이다

➕ 开车 kāichē 동 운전하다

哪儿 nǎr 대 어디

岁 suì 양 살, 세

多 duō 대 얼마나

在 zài 개 ~에서

女儿 nǚ'ér 명 딸

大 dà 형 (나이가) 많다

工作 gōngzuò 동 일하다

• 녹음을 듣고 순서에 맞게 A~D를 쓰고, 한자를 따라 쓰세요.   05-02

❶ 开 kāi

❷ 在 zài

❸ 岁 suì

❹ 工作 gōngzuò

1 두 단어를 합쳐서 새 단어를 만들고 한어병음을 쓰세요.

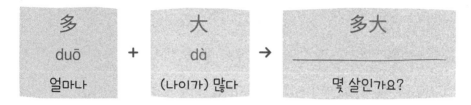

| 多
duō
얼마나 | + | 大
dà
(나이가) 많다 | → | 多大
_____
몇 살인가요? |

2 두 단어의 일부를 합쳐서 만들어진 새 단어의 한어병음을 쓰세요.

❶

| 看见
kànjiàn
보다, 보이다 | + | 医生
yīshēng
의사 | → | 看医生
_____
(의사에게) 진찰 받다 |

❷

| 开
kāi
운전하다 | + | 出租车
chūzūchē
택시 | → | 开车
_____
(차를) 운전하다 |

❸

| 坐
zuò
타다 | + | 出租车
chūzūchē
택시 | → | 坐车
_____
(차를) 타다 |

3 자주 함께 쓰이는 단어를 알아 보아요.

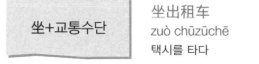

| 坐+교통수단 | 坐出租车
zuò chūzūchē
택시를 타다 | 坐飞机
zuò fēijī
비행기를 타다 |

- 단어의 뜻을 생각하며, 빈칸을 알맞게 채우세요.

❶ Nǐ xiàwǔ qù nǎr?
你下午去哪儿? 당신은 ░░░░░░ 에 어디에 가나요?

Wǒ xiàwǔ qù yīyuàn.
我下午去医院。 나는 오후에 ░░░░░ 에 가요.

❷ Tā zuò shénme qù Zhōngguó?
她坐什么去中国? 그녀는 무엇을 타고 ░░░░░░ 에 가나요?

Tā zuò fēijī qù.
她坐飞机去。 그녀는 ░░░░░ 를 타고 가요.

❸ Tā jǐ suì?
他几岁? 그는 몇 ░░░░░ 인가요?

Tā wǔ suì.
他五岁。 그는 ░░░░░░ 살이에요.

❹ Wáng xiānsheng de nǚ'ér duō dà?
王先生的女儿多大? 왕 선생의 ░░░░░ 은 몇 살인가요?

Tā èrshíbā suì, zài Běijīng fàndiàn gōngzuò.
她二十八岁，在北京饭店工作。

그녀는 스물여덟 살이고, 베이징 ░░░░░░ 에서 일해요.

1 녹음을 듣고 빈칸에 알맞은 한어병음을 써서 퍼즐을 완성하세요. 〔05-04〕

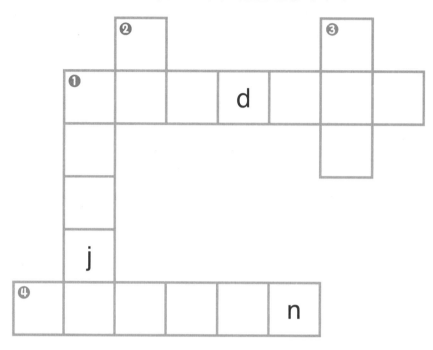

2 사진을 보고, 어울리는 단어를 모두 골라 ○표 하세요.

❶

医院　飞机　饭店

出租车　坐　开车

❷

女儿　岁　工作

多大　电视　哪儿

3 빈칸에 들어갈 알맞은 한자를 아래에서 골라 문장을 완성하세요.

医院　　多大　　岁　　在　　哪儿

❶

你	下	午	去			？		
Nǐ	xiàwǔ		qù	nǎr		?		

당신은 오후에 어디에 가나요?

❷

我	去			看	医	生	。	
Wǒ	qù	yīyuàn		kàn	yīshēng		.	

나는 병원에 진료 받으러 가요.

❸

他		哪	儿	坐	车	？		
Tā	zài	nǎr		zuò	chē	?		

그는 어디에서 차를 타나요?

❹

她	的	女	儿			？		
Tā	de	nǚ'ér		duō	dà	?		

그녀의 딸은 몇 살인가요?

❺

她	今	年	十	四		。		
Tā	jīnnián		shísì		suì	.		

그녀는 올해 열네 살입니다.

06 장소

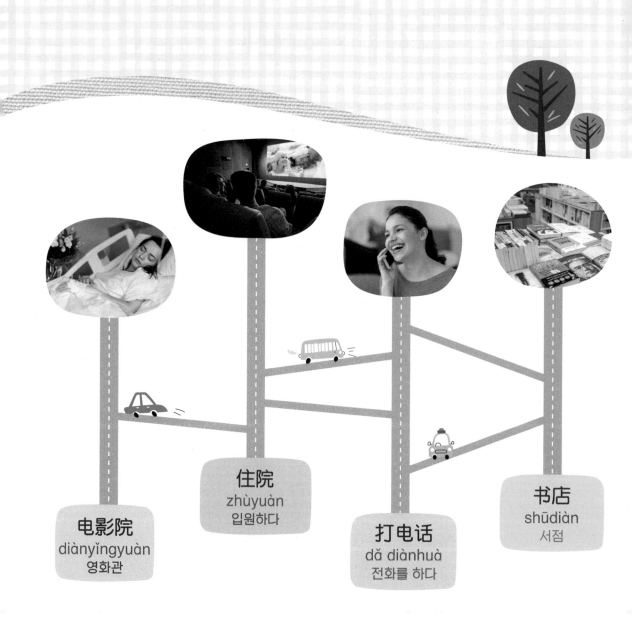

电影院
diànyǐngyuàn
영화관

住院
zhùyuàn
입원하다

打电话
dǎ diànhuà
전화를 하다

书店
shūdiàn
서점

商店 shāngdiàn 명 상점

在 zài 동 ~에 있다

前面 qiánmiàn 명 앞, 앞쪽

后面 hòumiàn 명 뒤, 뒤쪽

里 lǐ, li 명 안쪽

打电话 dǎ diànhuà 전화를 하다

喂 wéi 감탄 여보세요

⊕电影院 diànyǐngyuàn 명 영화관

⊕住院 zhùyuàn 동 입원하다

儿子 érzi 명 아들

爸爸 bàba 명 아빠

怎么 zěnme 대 어떻게

了 le 조 ~했다, ~됐다

能 néng 조동 ~할 수 있다

分钟 fēnzhōng 양 분

⊕书店 shūdiàn 명 서점

⊕这儿 zhèr 대 여기

⊕打车 dǎchē 동 택시를 타다

• 녹음을 듣고 순서에 맞게 A~D를 쓰고, 한자를 따라 쓰세요. 06-02

❶ 喂 wéi

❷ 能 néng

❸ 里 lǐ

❹ 前面 qiánmiàn

1 두 단어의 일부를 합쳐서 만들어진 새 단어의 한어병음을 쓰세요.

❶

书
shū
책

\+

商店
shāngdiàn
상점

→

书店
_____
서점

❷

这
zhè
이, 이것

\+

哪儿
nǎr
어디

→

这儿
_____
여기

❸

电影
diànyǐng
영화

\+

医院
yīyuàn
병원

→

电影院
_____
영화관

❹

住
zhù
살다

\+

医院
yīyuàn
병원

→

住院
_____
입원하다

2 자주 함께 쓰이는 단어를 알아 보아요.

在+장소+방향

在商店里
zài shāngdiàn li
상점에 있다

在医院前面
zài yīyuàn qiánmiàn
병원 앞에 있다

44

- 단어의 뜻을 생각하며, 빈칸을 알맞게 채우세요.

❶ Nǐ zài jiā ma?
你在家吗? 당신은 ＿＿＿＿＿ 에 있나요?

Bù, wǒ zài shūdiàn.
不，我在书店。 아니요. 저는 ＿＿＿＿＿ 에 있어요.

❷ Wéi, nǐ bù lái ma? Nǐ zài nǎr?
喂，你不来吗？你在哪儿?

＿＿＿＿＿? 당신은 안 와요? 어디에 있어요?

Nǐ kàn hòumiàn, wǒ zài zhèr.
你看后面，我在这儿。 ＿＿＿＿＿를 봐요, 저는 여기에 있어요.

❸ Nǐ zěnme zài yīyuàn?
你怎么在医院? 당신은 왜 ＿＿＿＿＿ 에 있나요?

 Zuótiān wǒ érzi zhùyuàn le.
昨天我儿子住院了。 어제 내 아들이 ＿＿＿＿＿ 했어요.

❹ Bàba, wǒ zài diànyǐngyuàn qiánmiàn, nǐ zài nǎr?
爸爸，我在电影院前面，你在哪儿?

아빠, 저는 ＿＿＿＿＿ 앞에 있어요. 어디 계세요?

 Wǒ xiànzài dǎchē qù.
我现在打车去。 나는 지금 ＿＿＿＿＿를 타고 가고 있어.

1 녹음 내용과 다음 단어가 일치하면 ○표, 일치하지 않으면 ×표 하세요. ◀ 06-04 ▶

❶ 书店 shūdiàn

❷ 爸爸 bàba

❸ 分钟 fēnzhōng

2 사진을 보고, 어울리는 단어를 모두 골라 ○표 하세요.

❶

| 爸爸 | 电影院 | 打车 |
| 分钟 | 儿子 | 商店 |

| 书店 | 电影 | 打电话 |
| 喂 | 分钟 | 后面 |

3 빈칸에 들어갈 알맞은 한자를 아래에서 골라 문장을 완성하세요.

分钟　　电话　　这儿　　前面　　打车

❶

你	看	，	书	店	在			｡
Nǐ	kàn	，		shūdiàn	zài		zhèr	.

보세요, 서점은 여기 있어요.

❷

我	家	在	医	院			｡
Wǒ	jiā	zài		yīyuàn		qiánmiàn	.

우리 집은 병원 앞쪽에 있어요.

❸

他	现	在			来	学	校	｡
Tā		xiànzài		dǎchē		lái	xuéxiào	.

그는 지금 택시를 타고 학교에 오고 있어요.

❹

同	学	，	是	你	的			｡
Tóngxué		，	shì	nǐ	de		diànhuà	.

친구야, 네 전화야.

❺

十	五			能	回	家	吗	？
Shíwǔ		fēnzhōng		néng	huí	jiā	ma	？

15분이면 집에 올 수 있나요?

07 물건

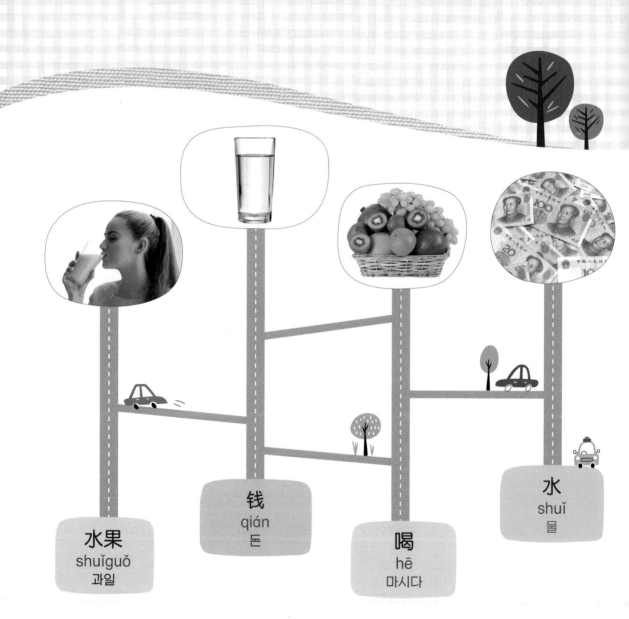

水果
shuǐguǒ
과일

钱
qián
돈

喝
hē
마시다

水
shuǐ
물

水 shuǐ 명 물

水果 shuǐguǒ 명 과일

电脑 diànnǎo 명 컴퓨터

块 kuài 양 위안 [중국의 화폐 단위]

多少 duōshao 대 얼마나

大 dà 형 크다

想 xiǎng 조동 ~하고 싶다

这 zhè 대 이, 이것

买 mǎi 동 사다

➕太……了 tài …… le 너무 ~하다

菜 cài 명 요리, 음식

苹果 píngguǒ 명 사과

衣服 yīfu 명 옷

个 gè, ge 양 개, 명

钱 qián 명 돈

小 xiǎo 형 작다

喝 hē 동 마시다

东西 dōngxi 명 물건

➕热水 rèshuǐ 명 따뜻한 물

➕这个 zhège 대 이것

• 녹음을 듣고 순서에 맞게 A~D를 쓰고, 한자를 따라 쓰세요.　07-02

❶
kuài

❷
hē

❸
cài

❹
duōshao

1 두 단어를 합쳐서 새 단어를 만들고 한어병음을 쓰세요.

❶
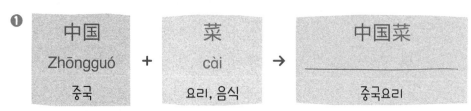

中国		菜		中国菜
Zhōngguó	+	cài	→	＿＿＿＿＿＿＿
중국		요리, 음식		중국요리

❷
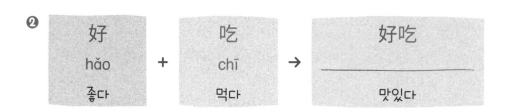

好		吃		好吃
hǎo	+	chī	→	＿＿＿＿＿＿＿
좋다		먹다		맛있다

❸

这个		星期		这个星期
zhège	+	xīngqī	→	＿＿＿＿＿＿＿
이것		요일		이번 주

❹

热		水		热水
rè	+	shuǐ	→	＿＿＿＿＿＿＿
덥다, 뜨겁다		물		따뜻한 물

2 자주 함께 쓰이는 단어를 알아 보아요.

太+형용사+了

太大了 tài dà le
너무 크다

太好了 tài hǎo le
너무 좋다

- 단어의 뜻을 생각하며, 빈칸을 알맞게 채우세요.

❶ Píngguǒ duōshao qián?
苹果多少钱?　　　　　　는 얼마예요?

Dà de yì ge bā kuài, xiǎo de yì ge wǔ kuài.
大的一个8块，小的一个5块。

큰 것은 한 개에 8　　　　　　이고, 작은 것은 한 개에 5　　　　　　이에요.

❷ Nǐ xiǎng chī shénme?
你想吃什么? 당신은 무엇을　　　　　　싶나요?

Wǒ xiǎng chī Zhōngguó cài, hěn hǎochī!
我想吃中国菜，很好吃! 저는　　　　　　를 먹고 싶어요. 매우 맛있어요!

❸ Nǐ xiǎng hē shénme?
你想喝什么? 당신은 무엇을　　　　　　싶나요?

Tiānqì tài lěng le, wǒ xiǎng hē rèshuǐ.
天气太冷了，我想喝热水。

날씨가 너무 추워서, 저는　　　　　　을 마시고 싶어요.

❹ Zhè shì shénme dōngxi?
这是什么东西?　　　　　　은 무엇인가요?

Zhège xīngqī mǎi de yīfu.
这个星期买的衣服。 이번 주에 산　　　　　　이에요.

1 녹음을 듣고 빈칸에 알맞은 단어를 쓰세요. 07-04

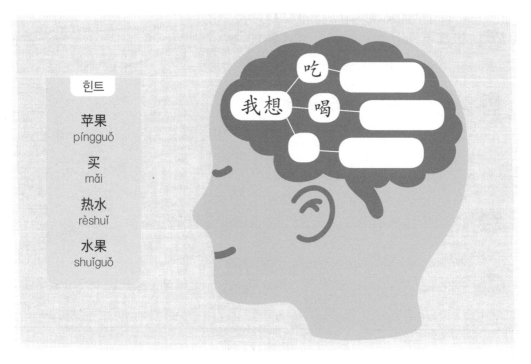

힌트

苹果
píngguǒ

买
mǎi

热水
rèshuǐ

水果
shuǐguǒ

我想 吃 喝

2 사진을 보고 어울리는 단어를 모두 골라 ○표 하세요.

❶

热　水果　吃
苹果　水　喝

❷

东西　热水　衣服
买　电脑　钱

3 빈칸에 들어갈 알맞은 한자를 아래에서 골라 문장을 완성하세요.

> 好吃　买　东西　想　衣服

❶

这	个			是	谁	的	？	
Zhège		dōngxi		shì	shéi	de	？	

이 물건은 누구의 것인가요?

❷

这	不	是	我		的	电	脑	。
Zhè	bú	shì	wǒ	mǎi	de	diànnǎo		.

이것은 내가 산 컴퓨터가 아니에요.

❸

我		买	这	个	东	西	。
Wǒ	xiǎng	mǎi	zhège		dōngxi		.

나는 이 물건을 사고 싶어요.

❹

水	果	太		了	。	
Shuǐguǒ		tài	hǎochī	le	.	

과일이 너무 맛있어요.

❺

你	的		在	我	家	里	。
Nǐ	de	yīfu	zài	wǒ	jiā	li	.

당신의 옷은 우리 집에 있어요.

08 위치

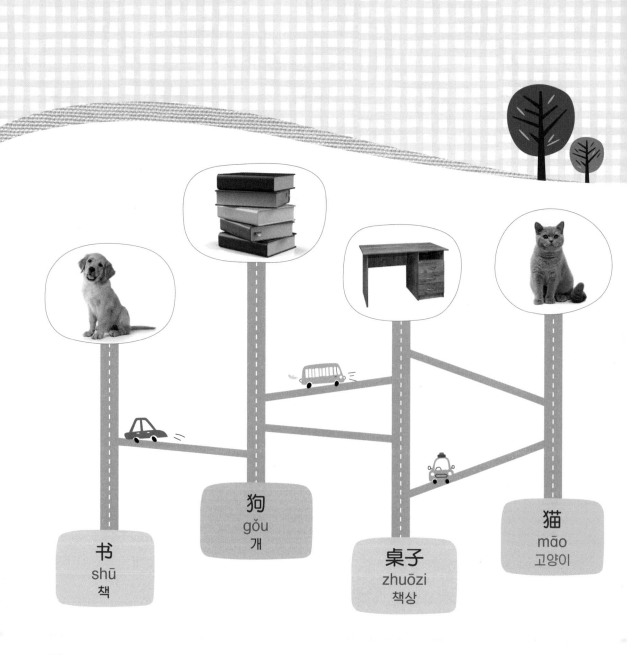

书
shū
책

狗
gǒu
개

桌子
zhuōzi
책상

猫
māo
고양이

上 shàng, shang 명 위

下 xià 명 아래, 밑

那 nà 대 그, 저

些 xiē 양 조금, 약간

杯子 bēizi 명 컵

桌子 zhuōzi 명 책상, 탁자

椅子 yǐzi 명 의자

书 shū 명 책

➕ 下面 xiàmiàn 명 아래, 밑 빈출

狗 gǒu 명 개

猫 māo 명 고양이

呢 ne 조 ~은요?

有 yǒu 동 있다

没有 méiyǒu 동 없다

喜欢 xǐhuan 동 좋아하다

叫 jiào 동 ~이라고 부르다

都 dōu 부 모두, 다

➕ 那些 nàxiē 대 그들, 그것들

• 녹음을 듣고 순서에 맞게 A~D를 쓰고, 한자를 따라 쓰세요. 08-02

❶
呢
ne

❷
狗
gǒu

❸
都
dōu

❹
那 些
nàxiē

1 두 단어를 합쳐서 새 단어를 만들고 한어병음을 쓰세요.

❶

小		狗		小狗
xiǎo	+	gǒu	→	_____
작다		개		강아지

❷

小		猫		小猫
xiǎo	+	māo	→	_____
작다		고양이		(새끼) 고양이

❸
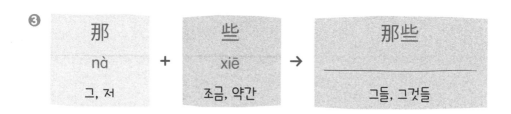

那		些		那些
nà	+	xiē	→	_____
그, 저		조금, 약간		그들, 그것들

2 두 단어의 일부를 합쳐서 만들어진 새 단어의 한어병음을 쓰세요.

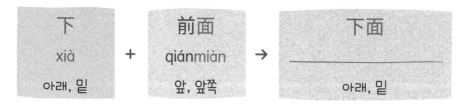

下		前面		下面
xià	+	qiánmiàn	→	_____
아래, 밑		앞, 앞쪽		아래, 밑

3 자주 함께 쓰이는 단어를 알아 보아요.

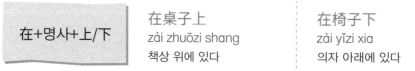

| 在+명사+上/下 | 在桌子上
zài zhuōzi shang
책상 위에 있다 | 在椅子下
zài yǐzi xia
의자 아래에 있다 |

문장으로 합체

- 단어의 뜻을 생각하며, 빈칸을 알맞게 채우세요.

Xiǎo māo zài zhuōzi shang, xiǎo gǒu ne?

❶ 小猫在桌子上，小狗呢? 고양이는 　　　　　　 위에 있는데, 강아지는요?

Xiǎo gǒu zài yǐzi xiàmiàn shuìjiào.

小狗在椅子下面睡觉。 강아지는 　　　　　　 아래에서 자고 있어요.

Nǐ xǐhuan xiǎo māo ma?

❷ 你喜欢小猫吗? 당신은 　　　　　　 를 좋아하나요?

Shì de, wǒ hěn xǐhuan, yǒu yí ge xiǎo māo jiào Dòudou.

是的，我很喜欢，有一个小猫叫豆豆。

네, 저는 매우 　　　　　　. 또또라고 부르는 고양이 한 마리가 있어요.

Zhuōzi shang méiyǒu wǒ de shū!

❸ 桌子上没有我的书! 책상에 제 　　　　 이 없어요!

Zài zhuōzi xiàmiàn, nàxiē dōu shì nǐ de.

在桌子下面，那些都是你的。 책상 　　　　　 에, 그것들이 다 네 것이야.

Māma, méiyǒu yǐzi!

❹ 妈妈，没有椅了! 엄마, 　　　　　 가 없어요!

Nǐ de yǐzi zài wǒ zhèr.

你的椅子在我这儿。 네 의자는 　　　　　 한테 있어.

1 녹음을 듣고 빈칸에 들어갈 사물이나 동물을 아래에서 찾아 쓰세요. 08-04

电脑　　小狗　　小猫　　书

❶

❸

❷

❹

2 사진을 보고, 어울리는 단어를 모두 골라 ○표 하세요.

❶

小猫　杯子　没有
小狗　叫　上　睡觉

❷

上　下　里　桌子
椅子　下面

3 빈칸에 들어갈 알맞은 한자를 아래에서 골라 문장을 완성하세요.

没有　椅子　叫　有　喜欢

❶

你	家		没	有	小	狗	？	
Nǐ	jiā	yǒu	méiyǒu		xiǎo gǒu		？	

당신 집에는 강아지가 있나요, 없나요?

❷

这	个		什	么	？	
zhège		jiào	shénme		？	

이것은 뭐라고 부르나요?

❸

杯	子	里		水	了	。
Bēizi		li	méiyǒu	shuǐ	le	.

컵에 물이 없어요.

❹

小	猫	在		下	面	。
Xiǎo māo		zài	yǐzi	xiàmiàn		.

고양이는 의자 아래에 있어요.

❺

那	些	水	果	我	都		。
Nàxiē		shuǐguǒ		wǒ	dōu	xǐhuan	.

그 과일들은 모두 내가 좋아하는 것이에요.

09 동작

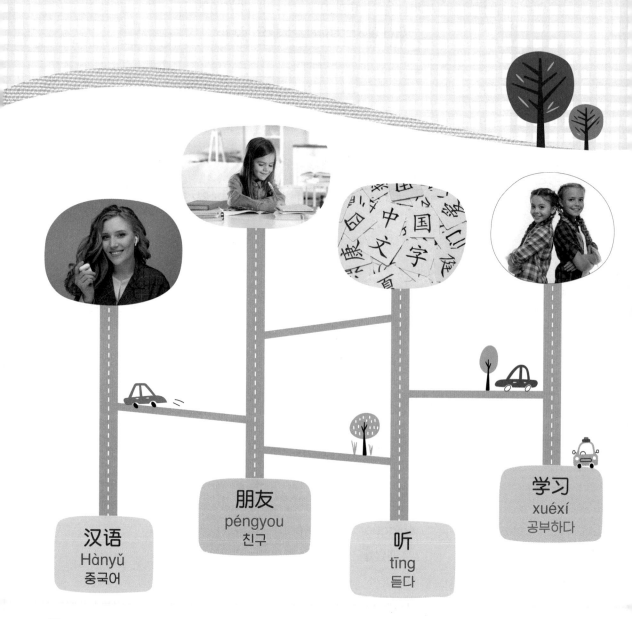

汉语
Hànyǔ
중국어

朋友
péngyou
친구

听
tīng
듣다

学习
xuéxí
공부하다

听 tīng 통 듣다

说 shuō 통 말하다

写 xiě 통 쓰다

坐 zuò 통 앉다

汉语 Hànyǔ 고유 중국어

学习 xuéxí 통 공부하다

字 zì 명 글자

会 huì 조동 ~할 줄 알다, ~할 수 있다

⊞ 明年 míngnián 명 내년

哪 nǎ 대 어느, 어떤

请 qǐng 통 청하다, 부탁하다

和 hé 개 ~과

一点儿 yìdiǎnr 수량 조금, 약간

少 shǎo 형 적다

本 běn 양 권

名字 míngzi 명 이름

朋友 péngyou 명 친구

⊞ 听见 tīngjiàn 통 듣다, 들리다

● 녹음을 듣고 순서에 맞게 A~D를 쓰고, 한자를 따라 쓰세요. 〔09-02〕

❶
nǎ

❷
hé

❸ 请
qǐng

❹
tīngjiàn

1 두 단어의 일부를 합쳐서 만들어진 새 단어의 한어병음을 쓰세요.

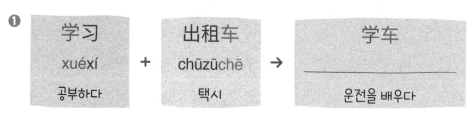

❶
| 学习 xuéxí 공부하다 | + | 出租车 chūzūchē 택시 | → | 学车 _____ 운전을 배우다 |

❷
| 听 tīng 듣다 | + | 看见 kànjiàn 보다, 보이다 | → | 听见 _____ 들리다 |

❸
| 汉语 Hànyǔ 중국어 | + | 字 zì 글자 | → | 汉字 _____ 한자 |

❹
| 明天 míngtiān 내일 | + | 年 nián 해, 년 | → | 明年 _____ 내년 |

2 자주 함께 쓰이는 단어를 알아 보아요.

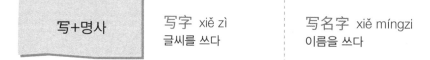

写+명사

写字 xiě zì
글씨를 쓰다

写名字 xiě míngzi
이름을 쓰다

- 단어의 뜻을 생각하며, 빈칸을 알맞게 채우세요.

①
Míngnián nǐ xiǎng zuò shénme?
明年你想做什么?　　　　　에 당신은 무엇을 하고 싶나요?

Míngnián wǒ xiǎng xué chē.
明年我想学车。 내년에 나는 　　　　　을 배우고 싶어요.

②
Nǐmen huì shuō Hànyǔ ma?
你们会说汉语吗? 당신들은 　　　　　를 할 줄 아나요?

Wǒ hé péngyou huì shuō yìdiǎnr Hànyǔ.
我和朋友会说一点儿汉语。 나와 　　　　　는 중국어를 조금 할 줄 알아요.

③
Lǎoshī shuō shénme? Tīngjiàn le méiyǒu?
老师说什么? 听见了没有?
　　　　　이 뭐라고 말씀하셨나요? 들었나요, 못 들었나요?

Lǎoshī shuō, nǐ shǎo xiě le yí ge zì.
老师说，你少写了一个字。
선생님이 말씀하시기를 당신이 한 　　　　　를 적게 썼대요.

④
Nǎ yì běn shì wǒ de?
哪一本是我的? 어느 책이 　　　　　것인가요?

Shì zhè yì běn, qǐng xiě nǐ de míngzi.
是这一本，请写你的名字。
이 책이에요. 당신의 　　　　　을 쓰세요.

1 녹음을 듣고 빈칸에 알맞은 한어병음을 써서 퍼즐을 완성하세요. `09-04`

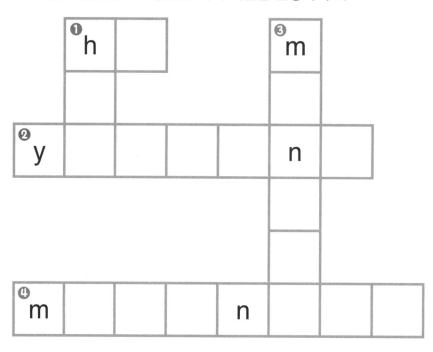

2 사진을 보고, 어울리는 단어를 모두 골라 ○표 하세요.

❶

听　汉字　坐　说
写　汉语　字

❷

五　杯子　椅子
朋友　书　少　本

3 빈칸에 들어갈 알맞은 한자를 아래에서 골라 문장을 완성하세요.

> 说　　点儿　　请　　汉字　　本

①

爸	爸	买		水	果	了	。
Bàba		mǎi	diǎnr	shuǐguǒ		le	.

아빠는 과일을 조금 사셨다.

②

	坐	，	想	喝	什	么	？
Qǐng	zuò	,	xiǎng	hē	shénme		?

앉으세요. 무엇을 마시고 싶으세요?

③

我	不	会	写			。	
Wǒ	bú	huì	xiě	Hànzì		.	

저는 한자를 쓸 줄 몰라요.

④

这		书	在	哪	儿	买	的	？
Zhè	běn	shū	zài		nǎr	mǎi	de	?

이 책은 어디에서 샀나요?

⑤

会		汉	语	的	人	是	谁	？
Huì	shuō	Hànyǔ		de	rén	shì	shéi	?

중국어를 할 수 있는 사람은 누구인가요?

10 취미·인사

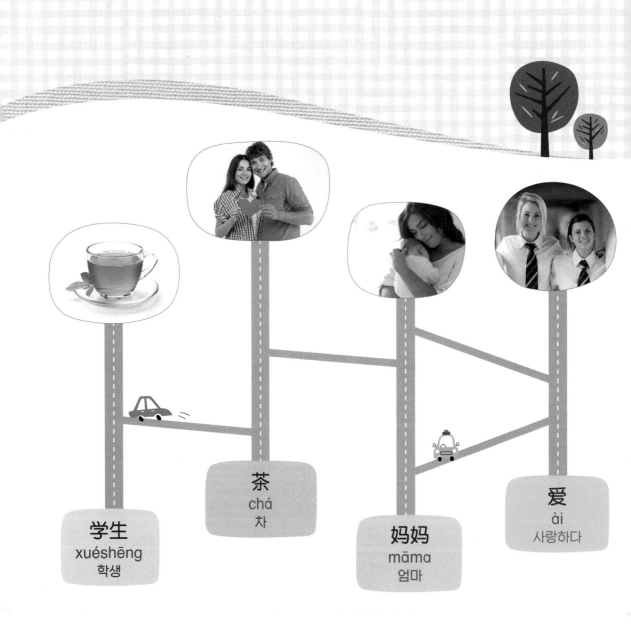

学生
xuéshēng
학생

茶
chá
차

妈妈
māma
엄마

爱
ài
사랑하다

爱 ài 통 사랑하다, 좋아하다

茶 chá 명 차

对不起 duìbuqǐ 미안합니다

没关系 méi guānxi 괜찮습니다

谢谢 xièxie 고맙습니다

不客气 bú kèqi 천만에요

➕茶杯 chábēi 명 찻잔

➕这些 zhèxiē 대 이것들, 이들

读 dú 통 읽다, 공부하다

住 zhù 통 살다, 거주하다

妈妈 māma 명 엄마

学生 xuéshēng 명 학생

➕有点儿 yǒudiǎnr 부 조금, 약간

➕那个 nàge 대 그(저) 사람, 그것, 저것

➕北京大学 Běijīng Dàxué

고유 베이징대학

• 녹음을 듣고 순서에 맞게 A~D를 쓰고, 한자를 따라 쓰세요. `10-02`

❶

zhù

❷

chá

❸
读
dú

❹
妈 妈
māma

1 두 단어를 합쳐서 새 단어를 만들고 한어병음을 쓰세요.

| 读
dú
읽다 | + | 书
shū
책 | → | 读书
_____
공부하다, 책을 읽다 |

2 두 단어의 일부를 합쳐서 만들어진 새 단어의 한어병음을 쓰세요.

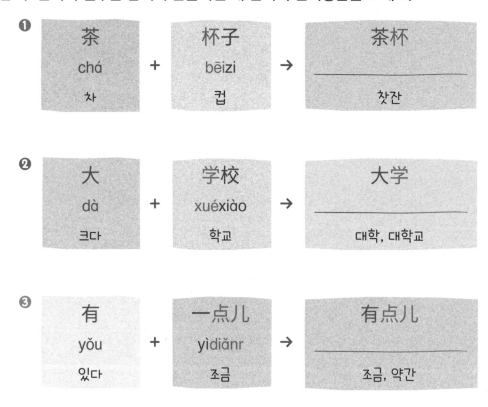

❶

| 茶
chá
차 | + | 杯子
bēizi
컵 | → | 茶杯
_____
찻잔 |

❷

| 大
dà
크다 | + | 学校
xuéxiào
학교 | → | 大学
_____
대학, 대학교 |

❸

| 有
yǒu
있다 | + | 一点儿
yìdiǎnr
조금 | → | 有点儿
_____
조금, 약간 |

3 자주 함께 쓰이는 단어를 알아 보아요.

有点儿+형용사

有点儿大
yǒudiǎnr dà
약간 크다

有点儿小
yǒudiǎnr xiǎo
약간 작다

- 단어의 뜻을 생각하며, 알맞게 빈칸을 채우세요.

① Māma, zhège chábēi zěnmeyàng?
妈妈，这个茶杯怎么样？ 엄마, 이 　　　　　 어때요?

 Yǒudiǎnr dà.
有点儿大。 　　　　　 커.

② Xièxie nǐ, zhèxiē cài wǒ dōu ài chī.
谢谢你，这些菜我都爱吃。
고마워요. 이 　　　　　 들은 내가 다 먹기 좋아하는 것들이에요.

 Bú kèqi!
不客气！ 　　　　　 ！

③ Duìbuqǐ, méiyǒu chá le.
对不起，没有茶了。 　　　　　. 차가 없네요.

Méi guānxi, wǒ hē rèshuǐ.
没关系，我喝热水。 　　　　　. 저는 따뜻한 물을 마실게요.

④ Nàge xuéshēng zhù nǎr?
那个学生住哪儿？ 그 　　　　　 은 어디에 사나요?

Tā zhù Běijīng, zài Běijīng Dàxué dúshū.
他住北京，在北京大学读书。
그는 베이징에 살아요. 　　　　　 에서 공부해요.

1 녹음을 듣고, 단어가 맞으면 사다리를 타고 내려가 ○표, 틀리면 ×표 하세요. 10-04

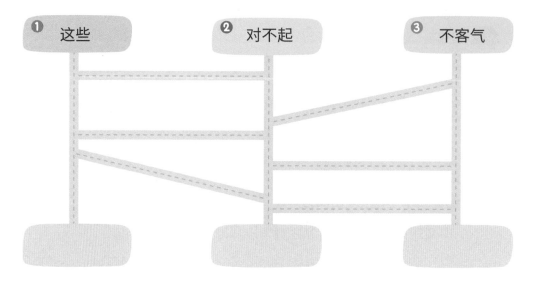

❶ 这些　　❷ 对不起　　❸ 不客气

2 사진을 보고, 어울리는 단어를 모두 골라 ○표 하세요.

❶

对不起　茶　妈妈
爱　学生　没关系

❷

不客气　读　那个
谢谢　学生　有点儿

3 빈칸에 들어갈 알맞은 한자를 아래에서 골라 문장을 완성하세요.

爱　　住　　这些　　没关系　　对不起

❶

妈	妈	说	都			。	
Māma		shuō	dōu	méi guānxi		.	

엄마는 모두 다 괜찮다고 말씀하셨다.

❷

爸	爸	很		吃	中	国	菜	。
Bàba		hěn	ài	chī	Zhōngguócài			.

아빠는 중국요리 먹는 것을 매우 좋아하신다.

❸

		，	这	是	你	的	。
Duìbuqǐ		，	zhè	shì	nǐ	de	.

미안해요. 이것은 당신 것이에요.

❹

	不	是	我	写	的	。
Zhèxiē	bú	shì	wǒ	xiě	de	.

이것들은 내가 쓴 것이 아니에요.

❺

我	很	喜	欢		在	这	儿	。
Wǒ	hěn	xǐhuan		zhù	zài	zhèr		.

나는 여기에 사는 것이 매우 좋아요.

HSK 1급
실전 문제

HSK 1급은 총 40문제로 듣기, 독해 두 영역으로 나뉩니다.

듣기, 독해 영역 각각 4가지 유형으로 문제가 출제되며, 각 부분별로 다섯 문항이 출제됩니다.

문제의 유형을 잘 파악하고, 다음의 실전 문제를 풀어 보며 실력을 다져 보세요.

★ 자주 출제되는 사진들을 익혀 보세요.

듣기	제1부분	5문항	
	제2부분	5문항	총 20문항
	제3부분	5문항	
	제4부분	5문항	
독해	제1부분	5문항	
	제2부분	5문항	총 20문항
	제3부분	5문항	
	제4부분	5문항	

01 듣기 제1부분

🧄 쏙쏙! 문제 유형

❀ 녹음을 듣고 내용이 사진과 일치하는가를 판단하는 문제입니다.

❀ 듣기 제1부분은 제1번~제5번 문항에 해당하며 총 5문항이 출제됩니다.

❀ 문제마다 주어진 한 장의 사진을 보고 녹음과 일치하면 √를, 일치하지 않으면 ✕를 표시합니다.

❀ 녹음은 한두 단어로 이루어진 짧은 구 형태이며, 남녀의 목소리로 각각 한 번씩 들려줍니다.

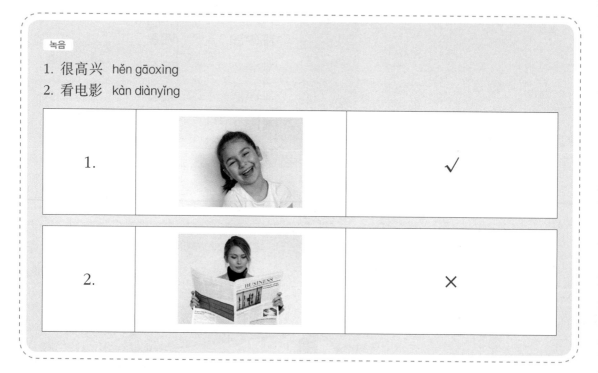

녹음

1. 很高兴 hěn gāoxìng
2. 看电影 kàn diànyǐng

1.		√
2.		✕

🥫 콕콕! 풀이 꿀팁

➡ 문제와 문제 사이 시간을 활용하여 사진을 미리 보고 녹음을 들을 수 있도록 합니다.

➡ 상태(很高兴，很多，不热，太冷)나 동작(看电影，吃苹果，去饭店), 수량(一个苹果，三本书), 시간(三点，八点十五分) 관련 표현이 자주 출제됩니다.

第 1-5 題 11-01

1.		

2.		

3.		

4.		

5.		

1 녹음을 듣고 빈칸에 알맞은 한어병음을 쓰세요.

❶　＿＿＿＿＿＿ diǎn ＿＿＿＿＿＿ fēn

九点十五分

❷　kàn ＿＿＿＿＿＿

看电视

❸　＿＿＿＿＿＿ fēijī

坐飞机

2 녹음을 듣고 빈칸에 알맞은 한자를 쓰세요.

❶　bú rè

不 ＿＿＿＿＿＿

❷　xǐhuan xiǎo gǒu

＿＿＿＿＿＿ 小狗

HSK 1급 필수 어법

的

'的'는 '~의' '~한'이라는 뜻을 나타냅니다. '的' 앞에 있는 말이 '的' 뒤에 있는 말을 꾸며 줍니다. 주로 소유 관계를 나타내거나, 구체적인 특징을 나타낼 때 사용합니다.

wǒ de shū
我的书
나의 책

dà de píngguǒ
大的苹果
큰 사과

māma zuò de cài
妈妈做的菜
엄마가 만드신 요리

和

'和'는 '~와/과'라는 뜻을 나타냅니다. 비슷한 종류의 단어를 나열할 때 사용합니다. 이때 단어가 2개 있으면 그 둘 사이에 위치하고, 3개 이상일 때는 제일 마지막 단어 앞에 씁니다.

wǒ hé péngyou
我和朋友
나와 친구

xiǎo gǒu hé xiǎo māo
小狗和小猫
강아지와 고양이

bàba, māma hé wǒ
爸爸、妈妈和我
아빠, 엄마 그리고 나

02 듣기 제2부분

 쏙쏙! 문제 유형

* 녹음을 듣고 제시된 사진 중에서 녹음 내용과 일치하는 사진을 찾는 문제입니다.

* 듣기 제2부분은 제6번~제10번 문항에 해당하며 총 5문항이 출제됩니다.

* 녹음을 듣고 세 장의 사진 중에서 가장 적합한 사진의 알파벳 옆에 ✓를 표시합니다.

* 녹음은 짧은 문장으로 구성되어 있으며, 남녀의 목소리로 각각 한 번씩 들려줍니다.

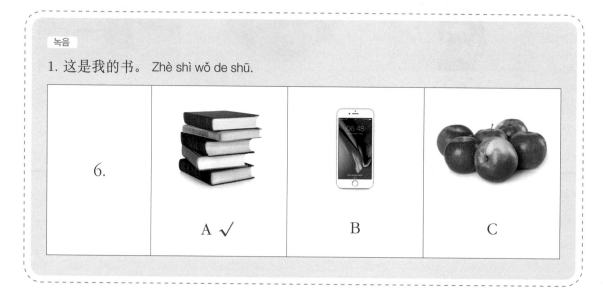

녹음

1. 这是我的书。 Zhè shì wǒ de shū.

콕콕! 풀이 꿀팁

➜ 문제를 풀기 전에 제시된 사진을 빨리 보고, 각 사진의 특징을 먼저 파악하세요.

➜ 판단(是), 소유(有), 존재(在)를 나타내는 단어 뒤에 오는 명사나 동사에서 답을 고르는 문제가 많이 출제됩니다.

➜ 핵심 정보를 잘 찾을 수 있도록 단어를 꾸준히 외워야 합니다.

OK! 실전 확인

第 6-10 題　◀12-01▶

6.	A	B	C
7.	A	B	C
8.	A	B	C
9.	A	B	C
10.	A	B	C

1 녹음을 듣고 빈칸에 알맞은 한어병음을 쓰세요.

❶ Wǒ hěn ＿＿＿＿＿＿ xiǎo māo.

我很喜欢小猫。

❷ Wǒ māma shì ＿＿＿＿＿＿.

我妈妈是老师。

❸ Xiè xiānsheng, qǐng ＿＿＿＿＿ chá.

谢先生，请喝茶。

2 녹음을 듣고 빈칸에 알맞은 한자를 쓰세요.

❶ Wǒ zài kàn diànshì.

我在看＿＿＿＿＿。

❷ Wǒ xiǎng chī Zhōngguócài.

我＿＿＿＿＿吃中国菜。

HSK 1급 필수 어법

☝️ 是

'是'는 '~이다'라는 뜻으로 판단이나 존재를 나타냅니다. 부정형은 앞에 '不'를 붙여 표현합니다.

Tā māma shì yīshēng.
他妈妈**是**医生。 그의 엄마는 의사입니다.

Tā bú shì Zhōngguórén.
她**不是**中国人。 그녀는 중국인이 아닙니다.

Lǐmiàn shì shénme dōngxi?
里面**是**什么东西? 안에는 무슨 물건이 있나요?

'是……的'의 형태로 쓰여 시간, 장소, 방식을 강조하기도 합니다.

Tā shì zuò fēijī lái Běijīng de.
他**是**坐飞机来北京**的**。 그는 비행기를 타고 베이징에 왔습니다.

✌️ 在

'在'는 동사로 쓰일 때는 '~에 있다'라는 뜻으로, 사람이나 사물의 위치를 나타냅니다. 전치사로 쓰일 때는 장소 앞에 위치해 '~에서'라는 뜻을 나타냅니다. 또한 부사로 쓰일 때는 '지금 ~하고 있다'라는 의미로 동작의 진행을 나타냅니다.

• ~에 있다

Wǒ   zài   xuéxiào.
我   **在**   学校。 나는 학교에 있습니다.
주어   在   장소

• ~에서

Wǒ   zài   xuéxiào   xuéxí.
我   **在**   学校   学习。 나는 학교에서 공부를 합니다.
주어   在   장소   술어[동사]

• 지금 ~하고 있다

Wǒ   zài   xuéxí   ne.
我   **在**   学习   呢。 나는 지금 공부하고 있습니다.
주어   在   술어[동사] (呢)

03 듣기 제3부분

쏙쏙! 문제 유형

❋ 녹음을 듣고 남녀의 대화 내용과 일치하는 사진을 고르는 문제입니다.

❋ 듣기 제3부분은 제11번~제15번 문항에 해당하며 총 5문항이 출제됩니다.

❋ 예제의 정답을 포함하여 모두 6개의 사진이 제시됩니다. 남녀가 주고받는 대화를 듣고 내용과 관련 있는 사진의 알파벳을 찾아 네모 칸에 적습니다.

❋ 녹음은 짧은 문장으로 구성되어 있으며 두 번씩 들려줍니다.

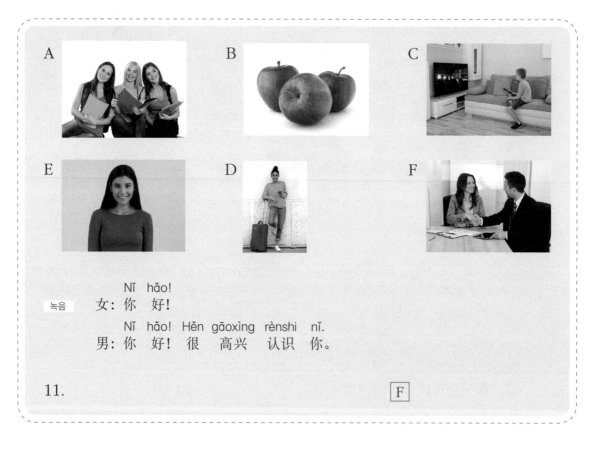

콕콕! 풀이 꿀팁

➡ 각 사진의 특징을 보며 나올 단어를 예상하고 녹음을 들으면서 정보를 파악하세요.

➡ 만나고 헤어질 때, 감사와 사과, 전화할 때, 물건을 묘사할 때, 좋아하는 것, 사람을 소개하는 말 등의 대화가 자주 출제됩니다.

第 11-15 題 13-01

A

B

C

D

E

11. ☐

12. ☐

13. ☐

14. ☐

15. ☐

1 녹음을 듣고 빈칸에 알맞은 한어병음을 쓰세요.

① 男 Tāmen shì _____? 她们是谁？

女 Tāmen shì wǒ de _____. 她们是我的同学。

② 女 Nǐ nǚ'ér _____? Tā hěn piàoliang!

你女儿多大？ 她很漂亮！

男 Tā _____ èrshíyī _____.

她今年二十一岁。

③ 男 Tā shì nǐ de _____ ma? 他是你的朋友吗？

女 Shì de, tā jīntiān _____ Běijīng. 是的，他今天去北京。

2 녹음을 듣고 빈칸에 알맞은 한자를 쓰세요.

① 女 Nǐ xiǎng chī shénme? 你想吃 _____？

男 Wǒ xiǎng chī píngguǒ. 我想吃 _____。

② 男 Nǐ érzi zài nǎr? 你儿子在 _____？

女 Tā zài jiā li kàn diànshì. 他在 _____里看电视。

 HSK 1급 필수 어법

• **조동사** •

동사나 동사구 앞에 쓰여 동사에 '~할 수 있다' '~하고 싶다' 등의 의미를 더해 주는 역할을 합니다.

가능성, 허가, 금지를 표현하는 能

Wǒ zài fàndiàn, nǐ jǐ diǎn **néng** lái?
我在饭店，你几点**能**来？ 나는 호텔에 있어요. 당신은 언제 올 수 있나요?

Nǐ **bù néng** zài zhèr dǎ diànhuà.
你**不能**在这儿打电话。 당신은 여기에서 전화할 수 없습니다.

학습을 통해 갖춰진 능력을 표현하는 会

Wǒ **huì** shuō Hànyǔ.
我**会**说汉语。 나는 중국어를 할 수 있습니다.

Nǐ **huì bu huì** kāichē?
你**会不会**开车？ 당신은 운전을 할 수 있나요?

희망, 계획을 표현하는 想

Wǒ **xiǎng** hē chá.
我**想**喝茶。 나는 차를 마시고 싶어요.

Tā **xiǎng** qù Zhōngguó xuéxí Hànyǔ.
他**想**去中国学习汉语。 그는 중국에 가서 중국어를 배우고 싶습니다.

듣기 제4부분

 쏙쏙! 문제 유형

❊ 녹음을 듣고 뒤에 나오는 질문에 맞는 답을 선택하는 문제입니다.

❊ 듣기 제4부분은 제16번~제20번 문항에 해당하며 총 5문항이 출제됩니다.

❊ 문제마다 제시된 3개의 선택지 중 가장 적합한 답을 찾는 문제입니다.

❊ 녹음은 한 문장과 질문으로 구성되어 있으며, 두 번씩 들려줍니다.

녹음
Xiàwǔ wǒ qù shāngdiàn, wǒ xiǎng mǎi yìxiē shuǐguǒ.
下午 我 去 商店, 我 想 买 一些 水果。

Tā xiàwǔ qù nǎlǐ?
问: 她 下午 去 哪里?

shāngdiàn   yīyuàn   xuéxiào
21.   A 商店 ✓   B 医院   C 学校

콕콕! 풀이 꿀팁

➥ 선택지를 먼저 보고 질문을 유추할 수 있습니다.

➥ 질문은 의문대명사가 있는 의문문으로 출제되니, 의문대명사를 주의해서 들으세요!

➥ 질문에서 요구하는 것이 '장소(哪儿, 哪里)'인지, '사람(谁, 什么)'인지, '수량(几, 多少)'인지 등을 판단하여 정답을 찾아야 합니다.

➥ 아래 제시된 자주 출제되는 장소와 동작의 뜻을 알고 있는지 확인해 보세요.

장소	家，学校，医院，商店，饭店，电影院，书店
동작	看电视，看电影，打电话，吃饭，睡觉，开车，工作，打车，住院，喝水，学习汉语，写汉字

第 16－20 题 14-01

16.　A 下雨 xiàyǔ　　　B 很热 hěn rè　　　C 很冷 hěn lěng

17.　A 学校 xuéxiào　　　B 书店 shūdiàn　　　C 医院 yīyuàn

18.　A 星期五 xīngqīwǔ　　　B 星期六 xīngqīliù　　　C 星期天 xīngqītiān

19.　A 看电影 kàn diànyǐng　　　B 看电视 kàn diànshì　　　C 看书 kàn shū

20.　A 水 shuǐ　　　B 水果 shuǐguǒ　　　C 衣服 yīfu

1 녹음을 듣고 빈칸에 알맞은 한어병음을 쓰세요.

❶ Xiànzài _____ le.   现在下雨了。

   问 Tiānqì _____?   天气怎么样?

❷ Wǒ zài xuéxiào, māma zài _____.

   我在学校，妈妈在医院。

   问 Māma zài _____?   妈妈在哪儿?

2 녹음을 듣고 빈칸에 알맞은 한자를 쓰세요.

❶ Jīntiān shì liù yuè èrshí hào, xīngqīliù.

   今天是六 _____ 二十 _____，星期六。

   问 Míngtiān xīngqī jǐ?   明天 _____ 几?

❷ Tā shàngwǔ kàn shū, xiàwǔ kàn diànshì.

   他 _____ 看书， _____ 看电视。

   问 Tā shàngwǔ zuò shénme?   他上午 _____ 什么?

❸ Māma qù shāngdiàn mǎi shuǐguǒ.   妈妈去商店买 _____。

   问 Māma zài shāngdiàn mǎi shénme?   妈妈在 _____ 买什么?

 **HSK 1급 필수 어법**

• **의문대명사** •

'누구' '무엇' '언제' '어디' '몇' '어떻게' 등 구체적으로 무엇인가를 물어볼 때 쓰이며, 의문대명사가 문장에 쓰이면 의문문이 됩니다.

什么 무엇, 무슨 [사물, 상황]	Nǐ jiào **shénme** míngzi? 你叫**什么**名字? 당신의 이름은 무엇인가요? Tā shì zuò **shénme** gōngzuò de? 她是做**什么**工作的? 그녀는 무슨 일을 하나요?
谁 누구 [사람]	Nà shì **shéi** de shū? 那是**谁**的书? 그것은 누구의 책인가요?
哪, 哪个 어느, 어떤 [선택]	Nǐ shì **nǎ** guó rén? 你是**哪**国人? 당신은 어느 나라 사람인가요? Nǐ xǐhuan **nǎge**? 你喜欢**哪个**? 당신은 어느 것이 좋나요?
哪儿, 哪里 어디 [장소]	Xiǎo gǒu zài **nǎr**? 小狗在**哪儿**? 강아지는 어디에 있나요? Māma shàngwǔ qù **nǎli**? 妈妈上午去**哪里**? 엄마는 오전에 어디에 가나요?
怎么 어떻게 [방법] 왜 [원인, 이유]	Nǐmen **zěnme** qù diànyǐngyuàn? 你们**怎么**去电影院? 당신들은 영화관에 어떻게 가나요? Shí diǎn le, nǐ **zěnme** bù lái? 十点了，你**怎么**不来? 열 시인데, 당신은 왜 안 오나요?
怎么样 어때 [의견]	Wǒmen zuò chūzūchē, **zěnmeyàng**? 我们坐出租车，**怎么样**? 우리 택시 타요. 어때요?
几 몇 [시간, 요일]	Xiànzài **jǐ** diǎn? 现在**几**点? 지금 몇 시인가요? Míngtiān xīngqī **jǐ**? 明天星期**几**? 내일은 무슨 요일인가요?
多少 얼마 [가격]	Zhè běn shū **duōshao** qián? 这本书**多少**钱? 이 책은 얼마인가요?

第一部分

第 1-5 题

例如:		✓
		✗
1.		
2.		
3.		
4.		
5.		

第二部分

第 6-10 题

例如:			
	A	B ✓	C
6.	A	B	C
7.	A	B	C
8.	A	B	C
9.	A	B	C
10.	A	B	C

第三部分

第 11-15 题

A

B

C

D

E

F

例如：
女：
Nǐ hǎo!
你 好!

男：
Nǐ hǎo! Hěn gāoxìng rènshi nǐ.
你 好! 很 高兴 认识 你。

F

11. ☐

12. ☐

13. ☐

14. ☐

15. ☐

第四部分

第 16-20 题

Xiàwǔ wǒ qù shāngdiàn, wǒ xiǎng mǎi yìxiē shuǐguǒ.
例如: 下午 我 去 商店, 我 想 买 一些 水果。

Tā xiàwǔ qù nǎlǐ?
问: 他 下午 去 哪里?

shāngdiàn
A 商店 ✓

yīyuàn
B 医院

xuéxiào
C 学校

yuè hào
16. A 5月1号

yuè hào
B 5月2号

yuè hào
C 5月3号

suì
17. A 1岁

suì
B 3岁

suì
C 5岁

hěn hǎo
18. A 很 好

hěn lěng
B 很 冷

xiàyǔ
C 下雨

Zhōngguócài
19. A 中国菜

píngguǒ
B 苹果

shuǐ
C 水

fàndiàn
20. A 饭店

shāngdiàn
B 商店

xuéxiào
C 学校

06 독해 제1부분

쏙쏙! 문제 유형

❋ 사진과 단어가 일치하는가를 판단하는 문제입니다.

❋ 독해 제1부분은 제21번~제25번 문항에 해당하며 총 5문항이 출제됩니다.

❋ 제시된 사진과 단어가 일치하면 √를, 일치하지 않으면 ✕를 표시합니다.

콕콕! 풀이 꿀팁

➜ 주로 사진으로 명확하게 표현될 수 있는 단어들이 출제됩니다. 아래 제시된 자주 출제되는 단어의 뜻을 알고 있는지 확인해 보세요.

명사	人，爸爸，妈妈，儿子，女儿，学生，医生，猫，狗，菜，水果，电脑，电话，桌子，椅子，杯子，上，下，前面，下面，上午，中午
동사	看，听，写，吃，喝，请，坐，睡觉，学习，喜欢
형용사	高兴，冷，热

➜ 1부터 10까지의 숫자를 묻는 문제도 출제되니 숫자 표현도 다시 한번 복습해 보세요.

第 21-25 题

21.		chá 茶	
22.		tīng 听	
23.		érzi 儿子	
24.		kàn 看	
25.		rè 热	

내가 완성하는 듣기 대본 16-01

1 녹음을 듣고 빈칸에 알맞은 한어병음을 쓰세요.

❶ [   ] 茶

❷ [   ] 写

❸ [   ] 听

2 녹음을 듣고 빈칸에 알맞은 한자를 쓰세요.

❶ érzi [   ]

❷ kàn [   ]

❸ lěng [   ]

❹ rè [   ]

 HSK 1급 필수 어법

☝ **이름을 나타내는 '명사'**

사람이나 사물의 명칭, 시간, 장소, 방향 등을 나타내는 품사로, '电脑 diànnǎo(컴퓨터)' '猫 māo(고양이)' 등이 명사입니다. 명사에는 여러 종류가 있습니다.

• 시간명사: 시간, 날짜, 요일 등을 나타내는 명사

　예 三月 sān yuè 3월　上午 shàngwǔ 오전　下午 xiàwǔ 오후　今天 jīntiān 오늘

• 장소명사: 장소를 나타내는 명사

　예 商店 shāngdiàn 상점　饭店 fàndiàn 호텔

• 방위명사: 방향과 위치를 나타내는 명사

　예 上 shàng 위　下 xià 아래　前面 qiánmiàn 앞　后面 hòumiàn 뒤

• 고유명사: 어떤 특정한 사물이나 사람을 다른 것들과 구별하여 부르는 명사

　예 韩国 Hánguó 한국　中国 Zhōngguó 중국　北京 Běijīng 베이징

✌ **사람이나 사물의 이름을 대신 나타내는 '대명사'**

• 인칭대명사: 사람을 대신하는 명사

　예 我 wǒ 나　你 nǐ 너　我们 wǒmen 우리　你们 nǐmen 너희
　　他 tā 그　她 tā 그녀　他们 tāmen 그들　她们 tāmen 그녀들

• 지시대명사: 사람, 사물, 장소 등을 대신하는 명사로, 다음과 같이 분류할 수 있습니다.

	사람·사물	수량	장소
가까운 것 (이)	这 zhè 这个 zhège 이것	这些 zhèxiē 이것들	这儿 zhèr 这里 zhèli 이곳
먼 것 (그/저)	那 nà 那个 nàge 저것	那些 nàxiē 저것들	那儿 nàr 那里 nàli 저곳

07 독해 제2부분

✿ 제시된 문장과 관련 있는 사진을 고르는 문제입니다.

✿ 독해 제2부분은 제26번~제30번에 문항에 해당하며 총 5문항이 출제됩니다.

✿ 예제의 정답을 포함하여 모두 6개의 사진이 제시됩니다. 내용과 관련 있는 사진의 알파벳을 찾아 네모 칸에 적습니다.

➜ 단문이 제시되니, 핵심이 되는 단어와 관련된 사진을 찾으면 쉽게 풀 수 있습니다.

➜ 사물이나 동작이 핵심 단어가 되는 경우가 많으므로 문장 속 동사와 명사를 잘 파악해 두고 사진과 연결시켜야 합니다.

第 26-30 题

A

B

C

D

E

Wǒ ài chī Zhōngguócài.
26. 我 爱 吃 中国菜。 ☐

Tāmen zài shuìjiào ne.
27. 他们 在 睡觉 呢。 ☐

Jīntiān xiàwǔ tā zuò fēijī lái Běijīng.
28. 今天 下午 她 坐 飞机 来 北京。 ☐

Tāmen dōu shì wǒ de tóngxué.
29. 他们 都 是 我 的 同学。 ☐

Wǒ nǚ'ér xǐhuan xiǎo māo.
30. 我 女儿 喜欢 小 猫。 ☐

1 녹음을 듣고 빈칸에 알맞은 한어병음을 쓰세요.

❶ Wǒ ài _____ Zhōngguó _____ .

我爱吃中国菜。

❷ Tāmen zài _____ ne.

他们在睡觉呢。

❸ Jīntiān _____ tā zuò _____ lái Běijīng.

今天下午她坐飞机来北京。

2 녹음을 듣고 빈칸에 알맞은 한자를 쓰세요.

❶ Tāmen dōu shì wǒ de tóngxué.

他们 _____ 是我的 _____ 。

❷ Wǒ nǚ'ér xǐhuan xiǎo māo.

我 _____ 喜欢 _____ 。

HSK 1급 필수 어법

☝ 가격 묻고 답하기

물건의 가격을 물을 때는 주로 '多少钱? duōshao qián?'이라는 표현을 씁니다.

Zhèxiē shuǐguǒ **duōshao qián?**
A 这些水果**多少钱?**   이 과일들은 얼마예요?

Sìshíwǔ **kuài.**
B 四十五**块。**   45위안입니다.

중국의 공식적인 화폐 단위는 '元 yuán'으로 주로 가격표 등에 쓰입니다. 하지만 중국인들이 일상생활에서 말할 때는 '块 kuài'를 더 많이 사용합니다.

✌ 날짜 · 요일 묻고 답하기

날짜나 요일을 물을 때는 의문대명사 '几 jǐ'를 사용합니다.

Jīntiān **jǐ** yuè **jǐ** hào?
A 今天**几**月**几**号?   오늘은 몇 월 며칠인가요?

Jīntiān shí'èr yuè èrshí hào.
B 今天十二月二十号。   오늘은 12월 20일입니다.

'일, 날'을 뜻하는 단어는 '号 hào'와 '日 rì'가 있습니다. '日 rì'는 공식적인 문서에서 많이 쓰이고, 일반적으로는 '号 hào'를 더 많이 사용합니다.

Míngtiān xīngqī **jǐ?**
A 明天星期**几?**   내일은 무슨 요일인가요?

Míngtiān xīngqītiān.
B 明天星期天。   내일은 일요일입니다.

08 독해 제3부분

* 알맞은 문장을 찾아 대화를 완성하는 문제입니다.

* 독해 제3부분은 제31번~제35번 문항에 해당하며 총 5문항이 출제됩니다.

* 왼쪽은 주로 질문이고, 질문에 대한 답을 오른쪽 선택지에서 찾으면 됩니다.

* 예시의 정답으로 쓰인 문장은 정답에서 제외됩니다.

A	Wǒ yě bú rènshi 我 也 不 认识。	B	kuài. 55块。
C	Xià ge yuè. 下 个 月。	D	Hǎo de, xièxie. 好 的，谢谢。
E	diǎn. 11点。	F	Yǒudiǎnr lěng. 有点儿 冷。

31. Nǐ hē chá ma?
    你 喝 茶 吗?   ☐ D

 콕콕! 풀이 꿀팁

➜ 날짜, 요일, 시간, 가격 등 질문과 대답이 확실한 문제부터 먼저 푸는 것이 좋아요.

➜ 의문대명사(什么，谁，哪，哪儿，怎么，怎么样，几，多少)를 파악하고 대화가 연결될 수 있도록 알맞은 답을 찾아 하나씩 제거하면 쉽게 풀 수 있습니다.

第 31-35 题

31. Nǐ jǐ diǎn shuìjiào?
你 几 点 睡觉? ☐

A　55块。kuài.

32. Běijīng tiānqì zěnmeyàng?
北京 天气 怎么样? ☐

B　下 个 月。Xià ge yuè.

33. Zhèxiē píngguǒ duōshao qián?
这些 苹果 多少 钱? ☐

C　我 也 不 认识。Wǒ yě bú rènshi

34. Huì shuō Hànyǔ de nàge rén
会 说 汉语 的 那个 人 ☐
shì shéi?
是 谁?

D　11点。diǎn.

35. Lǐ xiānsheng shénme shíhou
李 先生 什么 时候 ☐
lái Zhōngguó?
来 中国?

E　有点儿 冷。Yǒudiǎnr lěng.

1 녹음을 듣고 빈칸에 알맞은 한어병음을 쓰세요.

❶ A Nǐ jǐ diǎn _____? 你几点睡觉?

   B Shíyī _____. 11点。

❷ A Běijīng _____ zěnmeyàng? 北京天气怎么样?

   B _____ lěng. 有点儿冷。

2 녹음을 듣고 빈칸에 알맞은 한자를 쓰세요.

❶ A Zhèxiē píngguǒ duōshao qián? 这些苹果 _____ ?

   B Wǔshíwǔ kuài. 55 _____ 。

❷ A Huì shuō Hànyǔ de nàge rén shì shéi?

   会说 _____ 的那个人是 _____ ?

   B Wǒ yě bú rènshi. 我 _____ 不 _____ 。

❸ A Lǐ xiānsheng shénme shíhou lái Zhōngguó?

   李 _____ 什么 _____ 来中国?

   B Xiàge yuè. 下个 _____ 。

HSK 1급 필수 어법

 시간 묻고 답하기

시간을 물을 때는 의문대명사 '几 jǐ'를 사용합니다. 시와 분을 차례로 말할 때, 10분 이상은 '分 fēn'을 생략하고 말하기도 합니다.

Zuótiān jǐ diǎn shuìjiào de?
A 昨天几点睡觉的? 어제 몇 시에 잤나요?

Shí diǎn wǔshí (fēn).
B 十点五十(分)。 10시 50분이요.

 나이 묻고 답하기

10살 이하의 아이에게 나이를 물을 때는 '几 jǐ'를 사용하고, 그 이상의 나이대에는 '多大 duō dà'를 사용합니다. 두 질문에 대해 모두 '나이(숫자)+岁 suì'로 대답합니다.

Nǐ nǚ'ér jǐ suì?
A 你女儿几岁? 당신의 딸은 몇 살인가요?

Tā bā suì.
B 她八岁。 여덟 살이에요.

Tā jīnnián duō dà?
A 他今年多大? 그는 올해 몇 살인가요?

Tā sānshí suì.
B 他三十岁。 그는 서른 살이에요.

09 독해 제4부분

쏙쏙! 문제 유형

◈ 빈칸에 들어갈 가장 알맞은 단어를 찾아 문장을 완성하는 문제입니다.

◈ 독해 제4부분은 제36번~제40번 문항에 해당하며 총 5문항이 출제됩니다.

◈ 제36번~제38번은 단문이고, 제39번~제40번은 대화문입니다.

A 电影 diànyǐng   B 谢谢 xièxie   C 名字 míngzi   D 想 xiǎng   E 看见 kànjiàn   F 怎么 zěnme

36. 你 叫 什么 (C)?
　　 Nǐ jiào shénme

콕콕! 풀이 꿀팁

➜ 문장의 뜻을 정확하게 파악하는 독해 실력이 중요한 문제입니다.

➜ 빈칸 앞뒤의 단어를 살펴보고 빈칸에 들어갈 단어의 적절한 뜻과 품사를 생각하며 정답에 접근해 가는 것이 수월합니다.

➜ 예시문의 정답을 제외하면 문제와 선택지의 수가 같으므로 아는 문제부터 풀어봅시다.

➜ 평소 단어의 뜻과 품사별로 분류하는 습관을 기르는 것이 좋습니다.

第 36-40 题

diànyǐng	*xièxie*	*xiǎng*	*kànjiàn*	*zěnme*
A 电影	B 谢谢	C 想	D 看见	E 怎么

Tāmen zài jiā li kàn ne.
36. 他们 在 家 里 看 （　　　） 呢。

Hòumiàn lěng, wǒ zuò qiánmiàn.
37. 后面 冷，我 （　　　） 坐 前面。

Xiàyǔ le, wǒmen huí jiā?
38. 下雨 了，我们 （　　　） 回 家?

Nǐ zài nǎr?
39. 男: 你 在 哪儿?

Wǒ yě méi nǐ.
女: 我 也 没 （　　　） 你。

Nǐ zuò de cài tài hǎochī le, nǐ!
40. 男: 你 做 的 菜 太 好吃 了，（　　　） 你!

Bú kèqi.
女: 不 客气。

1 녹음을 듣고 빈칸에 알맞은 한어병음을 쓰세요.

❶ Tāmen zài jiā li kàn ⬚⬚⬚⬚⬚⬚ ne.

他们在家里看电影呢。

❷ Hòumiàn lěng, wǒ ⬚⬚⬚⬚⬚ zuò qiánmiàn.

后面冷，我想坐前面。

2 녹음을 듣고 빈칸에 알맞은 한자를 쓰세요.

❶ Xiàyǔ le, wǒmen zěnme huí jiā?   下雨了，我们怎么 ⬚⬚⬚⬚⬚ ？

❷ 男 Nǐ zài nǎr?   你在 ⬚⬚⬚⬚⬚ ？

女 Wǒ yě méi kànjiàn nǐ.   我也没 ⬚⬚⬚⬚⬚ 你。

❸ 女 Nǐ zuò de cài tài hǎochī le, xièxie nǐ!

你做的 ⬚⬚⬚⬚⬚ 太好吃了，⬚⬚⬚⬚⬚ 你!

男 Bú kèqi.   不 ⬚⬚⬚⬚⬚ 。

108

HSK 1급 필수 어법

• **결과보어** •

결과보어는 동사 뒤에 쓰여 동작의 결과를 보충하여 설명하는 역할을 합니다.

☝ 동작의 완성을 나타내는 '好'

동작이 이미 완료되었고, 기준에 다다랐을 때 사용합니다.

Wǒ hé bàba shuōhǎo le.
我和爸爸说好了。 나는 아빠랑 이야기를 잘 끝냈어요.

✌ 보고 들은 결과를 나타내는 '见'

주로 동사 '听' '看'과 함께 사용됩니다.

Wǒ tīngjiàn lǎoshī shuō de huà le.
我听见老师说的话了。 나는 선생님이 말씀하시는 것을 들었어요.

Shàng ge xīngqī kànjiàn tā le.
上个星期看见他了。 지난주에 그를 봤어요.

✌ 능력이 갖추어졌음을 나타내는 '会'

Tā shàng ge yuè xuéhuì le kāichē.
她上个月学会了开车。 그녀는 지난달에 운전하는 것을 배웠어요.

第一部分

第 21-25 题

例如:		diànshì 电视	×
		fēijī 飞机	✓
21.		qián 钱	
22.		yīshēng 医生	
23.		xuéxí 学习	
24.		duō 多	
25.		chūzūchē 出租车	

第二部分

第 26-30 题

A

B

C

D

E

F

Wǒ hěn xǐhuan zhè běn shū.
例如：我 很 喜欢 这 本 书。　　　　E

Wǒ xiǎng hē yì bēi shuǐ.
26. 我 想 喝 一 杯 水。

Wǒ xǐhuan xiǎo gǒu.
27. 我 喜欢 小 狗。

Zhèxiē dōu shì wǒ xiě de Hànzì.
28. 这些 都 是 我 写 的 汉字。

Wǒ bàba zuò de cài hěn hǎochī.
29. 我 爸爸 做 的 菜 很 好吃。

Tā zài xuéxiào gōngzuò, shì ge lǎoshī.
30. 她 在 学校 工作，是 个 老师。

第三部分

第 31–35 题

Nǐ hē chá ma?
例如：你 喝 茶 吗？   [D]   A   Qǐng zuò.
                              请 坐。

Wǒ de diànhuà ne?
31. 我 的 电话 呢？   [   ]   B   Kāichē qù fēnzhōng.
                              开车 去，5 分钟。

Nǐ zěnme qù Běijīng?
32. 你 怎么 去 北京？   [   ]   C   Zài diànshì qiánmiàn
                              在 电视 前面。

Nǐ jǐ fēnzhōng néng lái zhèr?
33. 你 几 分钟 能 来 这儿？   [   ]   D   Hǎo de xièxie.
                              好 的，谢谢。

Wǒ néng zuò zài zhèr ma?
34. 我 能 坐 在 这儿 吗？   [   ]   E   Zuò fēijī qù.
                              坐 飞机 去。

Tāmen shénme shíhou qù Zhōngguó?
35. 他们 什么 时候 去 中国？   [   ]   F   yuè.
                              8 月。

第四部分

第 36-40 题

jiā　　　míngzi　　　tài　　　fēnzhōng　　　huì　　　Zhōngguórén
A 家　　B 名字　　C 太　　D 分钟　　E 会　　F 中国人

Nǐ　jiào　shénme
例如：你 叫 什么 （ B ）?

Wéi, Zhāng xiānsheng zài　　　　ma?
36. 喂， 张 先生 在 （ ） 吗?

Wǒ érzi shì shàng ge yuè xuéchē de, xiànzài　　　　kāichē.
37. 我 儿子 是 上 个 月 学车 的，现在 （ ） 开车。

Wǒ hé māma dǎ le　　　　　diànhuà.
38. 我 和 妈妈 打 了 10 （ ） 电话。

Nǐ shì nǎ guó rén?
39. 男：你 是 哪 国 人?

Wǒ shì
女：我 是 （ ）。

Hǎo duō le míngtiān néng qù gōngzuò.
40. 男：好 多 了，明天 能 去 工作。

hǎo le!
女：（ ） 好 了!

HSK 1급
실전 모의고사

드디어 그동안 단어를 외우고 HSK 문제 유형을 익히며 갈고 닦은 실력을 테스트할 시간입니다.

HSK 1급 모의고사 2회분을 풀며 실전에 대비해 보세요.

실제 시험과 같이 영역별로 정해진 시간 내에 풀고,

뒤쪽의 답안지를 절취하여 정확하게 답안을 작성하세요.

채점 후에 모르는 단어는 따로 정리하고, 틀린 문제 중심으로 복습하세요.

★ 자주 출제되는 사진들을 익혀 보세요.

채점표

모의고사 1회	듣기	/20문항	총점
	독해	/20문항	점
모의고사 2회	듣기	/20문항	총점
	독해	/20문항	점

汉语水平考试
HSK（一级）
样 卷

试卷1

注　　意

一、　HSK（一级）分两部分：

　　　1. 听力（20题，约15分钟）

　　　2. 阅读（20题，17分钟）

二、　听力结束后，有3分钟填写答题卡。

三、　全部考试约40分钟（含考生填写个人信息时间5分钟）。

韩国　首尔　　　　　　　　　　　　　　多乐园　编制

一、听 力

第一部分

第 1-5 题

例如:		✓
		✗
1.		
2.		
3.		
4.		
5.		

第二部分

第 6-10 题

例如:	 A ✓	 B	 C
6.	 A	 B	 C
7.	 A	 B	 C
8.	 A	 B	 C

第三部分

第 11-15 题

A

B

C

D

E

F

Nǐ hǎo!
例如：女：你 好！

Nǐ hǎo! Hěn gāoxìng rènshi nǐ.
男：你 好！很 高兴 认识 你。　　　B

11.　　　☐

12.　　　☐

13.　　　☐

14.　　　☐

15.　　　☐

第四部分

第 16-20 题

例如：
Xiàwǔ wǒ qù shāngdiàn, wǒ xiǎng mǎi yìxiē shuǐguǒ.
下午 我 去 商店，我 想 买 一些 水果。

Tā xiàwǔ qù nǎli?
问：他 下午 去 哪里？

shāngdiàn
A 商店 ✓

yīyuàn
B 医院

xuéxiào
C 学校

16.
shūdiàn
A 书店

Běijīng
B 北京

shāngdiàn
C 商店

17.
jīntiān shàngwǔ
A 今天 上午

jīntiān zhōngwǔ
B 今天 中午

jīntiān xiàwǔ
C 今天 下午

18.
bù néng qù xuéxiào
A 不 能 去 学校

bù néng kàn diànshì
B 不 能 看 电视

bù néng xiě Hànzì
C 不 能 写 汉字

19.
shí diǎn
A 十 点

shíyī diǎn
B 十一 点

shí'èr diǎn
C 十二 点

20.
xuéxiào
A 学校

Zhōngguó
B 中国

fēijī
C 飞机

二、阅 读

第一部分

第 21-25 题

例如:		diànshì 电视	✕
		fēijī 飞机	✓
21.		gōngzuò 工作	
22.		hē 喝	
23.		xiě 写	
24.		yīyuàn 医院	
25.		sān 三	

第二部分

第 26-30 题

A

B

C

D

E

F

　　　　Wǒ hěn xǐhuan zhè běn shū.
例如：我 很 喜欢 这 本 书。　　　　　　B

　　　　Wǒ xǐhuan hē chá.
26. 我 喜欢 喝 茶。

　　　　Wǒ xiǎng zuò zhèr.
27. 我 想 坐 这儿。

　　　Qiánmiàn yǒu diànyǐngyuàn, wǒmen yìqǐ qù kàn diànyǐng hǎo ma?
28. 前面 有 电影院， 我们 一起 去 看 电影 好 吗？

　　　　Wǒ rènshi tā māma.
29. 我 认识 他 妈妈。

　　　Nǐ kāi chūzūchē duōshao nián le?
30. 你 开 出租车 多少 年 了？

第三部分

第 31–35 题

Nǐ hē chá ma?
例如：你 喝 茶 吗？ 　E　

A 上午 八 点，再见。
Shàngwǔ bā diǎn, zàijiàn.

Nǐ de diànhuà shì duōshao?
31. 你 的 电话 是 多少？ 　□　

B 43295678。

Wǒ zuò de cài zěnmeyàng?
32. 我 做 的 菜 怎么样？ 　□　

C 张 同学。
Zhāng tóngxué.

Míngtiān jǐ diǎn jiàn?
33. 明天 几 点 见？ 　□　

D 我 想 见 我 朋友。
Wǒ xiǎng jiàn wǒ péngyou.

Shuǐ méi le, shéi néng qù shāngdiàn mǎi?
34. 水 没 了，谁 能 去 商店 买？ 　□　

E 好 的，谢谢！
Hǎo de, xièxie!

Nǐ qù Běijīng xiǎng zuò shénme?
35. 你 去 北京 想 做 什么？ 　□　

F 很 好吃。
Hěn hǎochī.

第四部分

第 36-40 题

A 坐 (zuò)　B 衣服 (yīfu)　C 热 (rè)　D 名字 (míngzi)　E 写 (xiě)　F 没关系 (méi guānxi)

例如：你 叫 什么 (Nǐ jiào shénme) （ D ）？

36. 我 会 说 汉语，不 会 （　　） 汉字。
(Wǒ huì shuō Hànyǔ, bú huì　Hànzì.)

37. 这儿 太 （　　），我 不 喜欢 住 这儿。
(Zhèr tài,　wǒ bù xǐhuan zhù zhèr.)

38. 后面 有 椅子，你 想 （　　） 吗？
(Hòumiàn yǒu yǐzi, nǐ xiǎng　ma?)

39. 男：我 的 （　　） 呢？
(Wǒ de　ne?)
女：在 桌子 上。
(Zài zhuōzi shang.)

40. 男：妈妈，米饭 有点儿 少。
(Māma, mǐfàn yǒudiǎnr shǎo.)
女：（　　），现在 做 饭 呢。
(xiànzài zuò fàn ne.)

汉语水平考试
HSK（一级）
样 卷

试卷 2

注　意

一、　HSK（一级）分两部分：

　　1．听力（20题，约15分钟）

　　2．阅读（20题，17分钟）

二、　听力结束后，有3分钟填写答题卡。

三、　全部考试约40分钟（含考生填写个人信息时间5分钟）。

韩国　首尔　　　　　　　　　　　　　　多乐园　编制

一、听 力

第一部分

第 1-5 题

例如:		✓
		✗
1.		
2.		
3.		
4.		
5.		

第二部分

第 6-10 题

例如:	 A ✓	 B	 C
6.	 A	 B	 C
7.	 A	 B	 C
8.	 A	 B	 C

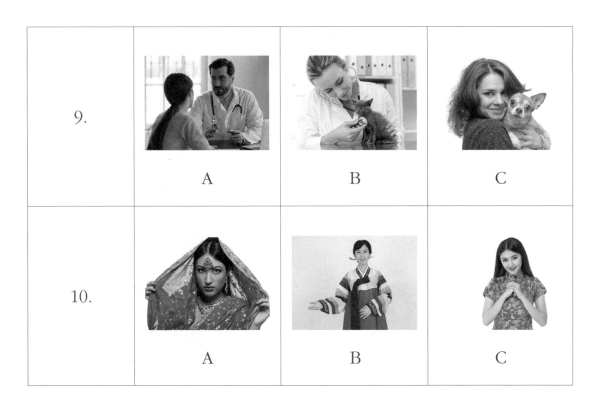

第三部分

第 11-15 题

A

B

C

D

E

F

例如: 女: Nǐ hǎo!
你 好!

男: Nǐ hǎo! Hěn gāoxìng rènshi nǐ.
你 好! 很 高兴 认识 你。

B

11. ☐

12. ☐

13. ☐

14. ☐

15. ☐

第四部分

第 16-20 题

        Xiàwǔ wǒ qù shāngdiàn, wǒ xiǎng mǎi yìxiē shuǐguǒ.
例如：下午 我 去 商店， 我 想 买 一些 水果。

        Tā xiàwǔ qù nǎlǐ?
问：他 下午 去 哪里？

shāngdiàn	yīyuàn	xuéxiào
A 商店 ✓	B 医院	C 学校

	hěn lěng	hěn rè	xiàyǔ
16.	A 很 冷	B 很 热	C 下雨

	shū	yīfu	diànhuà
17.	A 书	B 衣服	C 电话

	xuéxiào	shūdiàn	yīyuàn
18.	A 学校	B 书店	C 医院

	méiyǒu	míngzi	míngtiān
19.	A 没有	B 名字	C 明天

	shàng ge xīngqī	shàng ge yuè	xià ge yuè
20.	A 上 个 星期	B 上 个 月	C 下 个 月

二、阅读

第一部分

第 21-25 题

例如:		diànshì 电视	✗
		fēijī 飞机	✓
21.		xǐhuan 喜欢	
22.		yīfu 衣服	
23.		shàngmiàn 上面	
24.		xuéshēng 学生	
25.		Zhōngguócài 中国菜	

第二部分

第 26-30 题

A

B

C

D

E

F

Wǒ hěn xǐhuan zhè běn shū.
例如：我 很 喜欢 这 本 书。   B

Zhè shì shéi zuò de?
26. 这 是 谁 做 的？

Xiànzài jǐ diǎn? Tā zěnme méi lái?
27. 现在 几 点？ 他 怎么 没 来？

Nǐ de tóngxué zài hòumiàn, nǐ qù hòumiàn zuò.
28. 你 的 同学 在 后面，你 去 后面 坐。

diǎn fēn le, wǒmen qù chī wǔfàn ba.
29. 12 点 30 分 了，我们 去 吃 午饭 吧。

Nǐ kàn, wǒmen de fàndiàn zài qiánmiàn.
30. 你 看，我们 的 饭店 在 前面。

第三部分

第 31-35 题

例如： Nǐ hē chá ma?
你 喝 茶 吗？　　□E　　A　Hěn duō, duō běn.
很 多，50 多 本。

31. Tā zài nǎr dú shū?
他 在 哪儿 读 书？　　□　　B　kuài.
25 块。

32. Lǐ lǎoshī de shū duō bu duō?
李 老师 的 书 多 不 多？　　□　　C　Běijīng Dàxué.
北京 大学。

33. Zuò chūzūchē lái zhèr duōshǎo qián?
坐 出租车 来 这儿 多少 钱？　　□　　D　Bù lěng bú rè.
不 冷 不 热。

34. Nàxiē dōngxi shì nǐ de ma?
那些 东西 是 你 的 吗？　　□　　E　Hǎo de, xièxie!
好 的，谢谢！

35. Jīntiān tiānqì zěnmeyàng?
今天 天气 怎么样？　　□　　F　Shì de, dōu shì wǒ de.
是 的，都 是 我 的。

第四部分

第 36-40 题

A 看 (kàn)　B 三 (sān)　C 时候 (shíhou)　D 名字 (míngzi)　E 哪 (nǎ)　F 去 (qù)

例如：你 叫 什么 （ D ）?
(Nǐ jiào shénme)

36. 听说，小 明 昨天 （　　）北京 了。
(Tīngshuō, Xiǎo Míng zuótiān　Běijīng le.)

37. （　　）这里，一、二、三，好。
(zhèli, yī、 èr、 sān, hǎo.)

38. 你 回家 的 （　　）买 苹果，好 吗?
(Nǐ huíjiā de　mǎi píngguǒ, hǎo ma?)

39. 男：你 来 中国 学习 几 年 了?
(Nǐ lái Zhōngguó xuéxí jǐ nián le?)

　　女：来 这儿 学习 （　　）年 了。
(Lái zhèr xuéxí　nián le.)

40. 女：你 想 喝 （　　）一 个?
(Nǐ xiǎng hē　yí gè?)

　　男：我 想 喝 水。
(Wǒ xiǎng hē shuǐ.)

● **작성법**

汉语水平考试 HSK(一级)答题卡

─── 请填写考点信息 ───

按照考试证件上的姓名填写: 수험표상의 이름을 기재하세요.

姓名 이름	韩恩惠 HAN EUNHYE

如果有中文姓名, 请填写: 수험표상의 중문 이름을 기재하세요.

中文姓名 중문 이름	韩恩惠

수험번호 기재 후 마킹하세요.

수 험 번 호	考 生 序 号	[0] [1] [2] [3] [4] [5] [6] [7] [8] [9] [0] [1] [2] [3] [4] [5] [6] [7] [8] [9] [0] [1] [2] [3] [4] [5] [6] [7] [8] [9] [0] [1] [2] [3] [4] [5] [6] [7] [8] [9] [0] [1] [2] [3] [4] [5] [6] [7] [8] [9]

고시장 고유번호 기재 후 마킹하세요.
─── 请填写考点信息 ───

考 点 代 码	[0] [1] [2] [3] [4] [5] [6] [7] [8] [9] [0] [1] [2] [3] [4] [5] [6] [7] [8] [9] [0] [1] [2] [3] [4] [5] [6] [7] [8] [9] [0] [1] [2] [3] [4] [5] [6] [7] [8] [9] [0] [1] [2] [3] [4] [5] [6] [7] [8] [9] [0] [1] [2] [3] [4] [5] [6] [7] [8] [9] [0] [1] [2] [3] [4] [5] [6] [7] [8] [9]

国籍 (한국인: 523)	5 2 3	[0] [1] [2] [3] [4] [5] [6] [7] [8] [9] [0] [1] [2] [3] [4] [5] [6] [7] [8] [9] [0] [1] [2] [3] [4] [5] [6] [7] [8] [9]

국적번호 기재 후 마킹하세요.

年龄	[0] [1] [2] [3] [4] [5] [6] [7] [8] [9] [0] [1] [2] [3] [4] [5] [6] [7] [8] [9]

나이를 만 나이로 기재 후 마킹하세요.

性别	男 [1]　　女 [2]

해당 성별에 마킹하세요.

注意	请用2B铅笔这样写: ▬ 2B 연필로 마킹하세요.

一、听　力　듣기 답안란

답안 표기 방향

1. [√] [×]
2. [√] [×]
3. [√] [×]
4. [√] [×]
5. [√] [×]

6. [A] [B] [C]
7. [A] [B] [C]
8. [A] [B] [C]
9. [A] [B] [C]
10. [A] [B] [C]

11. [A] [B] [C] [D] [E] [F]
12. [A] [B] [C] [D] [E] [F]
13. [A] [B] [C] [D] [E] [F]
14. [A] [B] [C] [D] [E] [F]
15. [A] [B] [C] [D] [E] [F]

16. [A] [B] [C]
17. [A] [B] [C]
18. [A] [B] [C]
19. [A] [B] [C]
20. [A] [B] [C]

二、阅　读　독해 답안란

답안 표기 방향

21. [√] [×]
22. [√] [×]
23. [√] [×]
24. [√] [×]
25. [√] [×]

26. [A] [B] [C] [D] [E] [F]
27. [A] [B] [C] [D] [E] [F]
28. [A] [B] [C] [D] [E] [F]
29. [A] [B] [C] [D] [E] [F]
30. [A] [B] [C] [D] [E] [F]

31. [A] [B] [C] [D] [E] [F]
32. [A] [B] [C] [D] [E] [F]
33. [A] [B] [C] [D] [E] [F]
34. [A] [B] [C] [D] [E] [F]
35. [A] [B] [C] [D] [E] [F]

36. [A] [B] [C] [D] [E] [F]
37. [A] [B] [C] [D] [E] [F]
38. [A] [B] [C] [D] [E] [F]
39. [A] [B] [C] [D] [E] [F]
40. [A] [B] [C] [D] [E] [F]

汉语水平考试 HSK（一级）答题卡

请填写考点信息 ──── ──── 请填写考点信息

按照考试证件上的姓名填写：

姓名	

如果有中文姓名，请填写：

中文姓名	

考生序号	[0] [1] [2] [3] [4] [5] [6] [7] [8] [9]
	[0] [1] [2] [3] [4] [5] [6] [7] [8] [9]
	[0] [1] [2] [3] [4] [5] [6] [7] [8] [9]
	[0] [1] [2] [3] [4] [5] [6] [7] [8] [9]
	[0] [1] [2] [3] [4] [5] [6] [7] [8] [9]

考点代码	[0] [1] [2] [3] [4] [5] [6] [7] [8] [9]
	[0] [1] [2] [3] [4] [5] [6] [7] [8] [9]
	[0] [1] [2] [3] [4] [5] [6] [7] [8] [9]
	[0] [1] [2] [3] [4] [5] [6] [7] [8] [9]
	[0] [1] [2] [3] [4] [5] [6] [7] [8] [9]
	[0] [1] [2] [3] [4] [5] [6] [7] [8] [9]
	[0] [1] [2] [3] [4] [5] [6] [7] [8] [9]

国籍	[0] [1] [2] [3] [4] [5] [6] [7] [8] [9]
	[0] [1] [2] [3] [4] [5] [6] [7] [8] [9]
	[0] [1] [2] [3] [4] [5] [6] [7] [8] [9]

年龄	[0] [1] [2] [3] [4] [5] [6] [7] [8] [9]
	[0] [1] [2] [3] [4] [5] [6] [7] [8] [9]

性别	男 [1] 女 [2]

注意	请用2B铅笔这样写：▬

一、听　力

1. [√] [×]　　6. [A] [B] [C]　　11. [A] [B] [C] [D] [E] [F]　　16. [A] [B] [C]

2. [√] [×]　　7. [A] [B] [C]　　12. [A] [B] [C] [D] [E] [F]　　17. [A] [B] [C]

3. [√] [×]　　8. [A] [B] [C]　　13. [A] [B] [C] [D] [E] [F]　　18. [A] [B] [C]

4. [√] [×]　　9. [A] [B] [C]　　14. [A] [B] [C] [D] [E] [F]　　19. [A] [B] [C]

5. [√] [×]　　10. [A] [B] [C]　　15. [A] [B] [C] [D] [E] [F]　　20. [A] [B] [C]

二、阅　读

21. [√] [×]　　26. [A] [B] [C] [D] [E] [F]　　31. [A] [B] [C] [D] [E] [F]　　36. [A] [B] [C] [D] [E] [F]

22. [√] [×]　　27. [A] [B] [C] [D] [E] [F]　　32. [A] [B] [C] [D] [E] [F]　　37. [A] [B] [C] [D] [E] [F]

23. [√] [×]　　28. [A] [B] [C] [D] [E] [F]　　33. [A] [B] [C] [D] [E] [F]　　38. [A] [B] [C] [D] [E] [F]

24. [√] [×]　　29. [A] [B] [C] [D] [E] [F]　　34. [A] [B] [C] [D] [E] [F]　　39. [A] [B] [C] [D] [E] [F]

25. [√] [×]　　30. [A] [B] [C] [D] [E] [F]　　35. [A] [B] [C] [D] [E] [F]　　40. [A] [B] [C] [D] [E] [F]

汉语水平考试 HSK（一级）答题卡

—— 请填写考点信息 ——

按照考试证件上的姓名填写：

姓名	

—— 请填写考点信息 ——

	[0] [1] [2] [3] [4] [5] [6] [7] [8] [9]
考点代码	[0] [1] [2] [3] [4] [5] [6] [7] [8] [9]
	[0] [1] [2] [3] [4] [5] [6] [7] [8] [9]
	[0] [1] [2] [3] [4] [5] [6] [7] [8] [9]
	[0] [1] [2] [3] [4] [5] [6] [7] [8] [9]
	[0] [1] [2] [3] [4] [5] [6] [7] [8] [9]
	[0] [1] [2] [3] [4] [5] [6] [7] [8] [9]

如果有中文姓名，请填写：

中文姓名	

国籍	[0] [1] [2] [3] [4] [5] [6] [7] [8] [9]
	[0] [1] [2] [3] [4] [5] [6] [7] [8] [9]
	[0] [1] [2] [3] [4] [5] [6] [7] [8] [9]

考生序号	[0] [1] [2] [3] [4] [5] [6] [7] [8] [9]
	[0] [1] [2] [3] [4] [5] [6] [7] [8] [9]
	[0] [1] [2] [3] [4] [5] [6] [7] [8] [9]
	[0] [1] [2] [3] [4] [5] [6] [7] [8] [9]
	[0] [1] [2] [3] [4] [5] [6] [7] [8] [9]

年龄	[0] [1] [2] [3] [4] [5] [6] [7] [8] [9]
	[0] [1] [2] [3] [4] [5] [6] [7] [8] [9]

性别	男 [1] 女 [2]

注意	请用2B铅笔这样写：▬

一、听 力

1. [√] [×]　　6. [A] [B] [C]　　11. [A] [B] [C] [D] [E] [F]　　16. [A] [B] [C]

2. [√] [×]　　7. [A] [B] [C]　　12. [A] [B] [C] [D] [E] [F]　　17. [A] [B] [C]

3. [√] [×]　　8. [A] [B] [C]　　13. [A] [B] [C] [D] [E] [F]　　18. [A] [B] [C]

4. [√] [×]　　9. [A] [B] [C]　　14. [A] [B] [C] [D] [E] [F]　　19. [A] [B] [C]

5. [√] [×]　　10. [A] [B] [C]　　15. [A] [B] [C] [D] [E] [F]　　20. [A] [B] [C]

二、阅 读

21. [√] [×]　　26. [A] [B] [C] [D] [E] [F]　　31. [A] [B] [C] [D] [E] [F]　　36. [A] [B] [C] [D] [E] [F]

22. [√] [×]　　27. [A] [B] [C] [D] [E] [F]　　32. [A] [B] [C] [D] [E] [F]　　37. [A] [B] [C] [D] [E] [F]

23. [√] [×]　　28. [A] [B] [C] [D] [E] [F]　　33. [A] [B] [C] [D] [E] [F]　　38. [A] [B] [C] [D] [E] [F]

24. [√] [×]　　29. [A] [B] [C] [D] [E] [F]　　34. [A] [B] [C] [D] [E] [F]　　39. [A] [B] [C] [D] [E] [F]

25. [√] [×]　　30. [A] [B] [C] [D] [E] [F]　　35. [A] [B] [C] [D] [E] [F]　　40. [A] [B] [C] [D] [E] [F]

● HSK 1급 필수 단어

01

HSK 필수 단어

• 녹음 대본 01-02

A 人	B 漂亮	C 你	D 很

❶ D　　　　❷ A　　　　❸ C　　　　❹ B

단어끼리 합체

1 Zhōngguórén

2 ❶ nǐmen　　❷ tāmen　　❸ tóngxuémen

문장으로 합체

❶ 예쁩니다 / 누구인가요 / 선생님

❷ 의사 / 그

❸ 중국인 / 학교 친구

❹ 중국인 / 중국인

스스로 확인

• 녹음 대본 01-04

❶ 的	❷ 是	❸ 谁

1 ❶ ○　　❷ ×　　❸ ○

2 ❶ 她们，同学

　　❷ 认识，高兴，先生，小姐

3 ❶ 她　　❷ 高兴　　❸ 认识

　　❹ 是　　❺ 同学

02

HSK 필수 단어

• 녹음 대본 02-02

A 星期	B 几	C 年	D 号

❶ C　　　　❷ B　　　　❸ D　　　　❹ A

단어끼리 합체

1 ❶ wǔ yuè　　❷ shísì hào　　❸ xīngqīyī

2 jīnnián

문장으로 합체

❶ 오늘 / 5월　　　　❷ 어제 / 20일

❸ 내일 / 목요일　　❹ 올해 / 일요일

스스로 확인

• 녹음 대본 02-04

今天星期天。昨天十月十九号。明天十月二十一号。

1

2 ❶ 星期，号，年，几，一，二

　　❷ 四，八，九，十

3 ❶ 昨天　　❷ 几　　❸ 明天

　　❹ 今天　　❺ 星期五

03

HSK 필수 단어

녹음 대본 ◀03-02▶

A 回	**B** 电视	**C** 做	**D** 去

❶ C   ❷ D   ❸ A   ❹ B

단어끼리 합체

1 huí jiā

2 ❶ chī fàn   ❷ wǔfàn   ❸ zuò fàn

문장으로 합체

❶ 시 / 6, 여섯   ❷ 학교 / 15분

❸ 점심밥 / 점심   ❹ 오후 / 텔레비전

확인

녹음 대본 ◀03-04▶

八点三十分我去学校，下午三点回家，十点睡觉。

1 ❶ 학교 가기   ❷ 집으로 돌아가기   ❸ 잠자기

2 ❶ 点，现在，下午，分

     ❷ 吃，饭，他们

3 ❶ 现在   ❷ 睡觉   ❸ 下午

     ❹ 看   ❺ 吃

04

HSK 필수 단어

녹음 대본 ◀04-02▶

A 天气	**B** 太	**C** 来	**D** 热

❶ C   ❷ B   ❸ D   ❹ A

단어끼리 합체

1 ❶ bú tài   ❷ huílái

    ❸ zàijiàn   ❹ shénme shíhou

문장으로 합체

❶ 날씨 / 춥지 / 덥지   ❷ 모레 / 비

❸ 언제 / 오전   ❹ 영화 / 토요일

확인

녹음 대본 ◀04-04▶

哈尔滨天气很冷。今天北京天气不冷，西安下雨。上海天气不太热。昆明天气很好。

1 ❶ 很冷 hěn lěng   ❷ 不冷 bù lěng

    ❸ 下雨 xiàyǔ   ❹ 不太热 bú tài rè

    ❺ 很好 hěn hǎo

2 ❶ 下雨，天气   ❷ 你好，再见

3 ❶ 怎么样   ❷ 热   ❸ 时候

    ❹ 电影   ❺ 见

05

 HSK 필수 단어

◆ 녹음 대본 〔05-02〕

A 开　　B 工作　　C 在　　D 岁

❶ A　　❷ C　　❸ D　　❹ B

🥫 단어끼리 합체

1 ❶ duō dà

2 ❶ kàn yīshēng　❷ kāichē　❸ zuò chē

📷 문장으로 합체

❶ 오후 / 병원　　❷ 중국 / 비행기

❸ 살 / 5, 다섯　　❹ 딸 / 호텔

👨 확인

◆ 녹음 대본 〔05-04〕

가로 ❶ 饭店　　세로 ❶ 飞机

❷ 大　　❸ 在　　❹ 医院

1
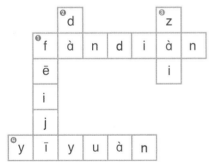

2 ❶ 坐, 开车

　❷ 女儿, 工作

3 ❶ 哪儿　　❷ 医院　　❸ 在

　❹ 多大　　❺ 岁

06

🍜 HSK 필수 단어

◆ 녹음 대본 〔06-02〕

A 能　　B 里　　C 前面　　D 喂

❶ D　　❷ A　　❸ B　　❹ C

🥫 단어끼리 합체

1 ❶ shūdiàn　　❷ zhèr

　❸ diànyǐngyuàn　　❹ zhùyuàn

📷 문장으로 합체

❶ 집 / 서점

❷ 여보세요 / 뒤

❸ 병원 / 입원

❹ 영화관 / 택시

👨 확인

◆ 녹음 대본 〔06-04〕

❶ 饭店　　❷ 爸爸　　❸ 分钟

1 ❶ ✕　　❷ ○　　❸ ○

2 ❶ 爸爸, 儿子　　❷ 打电话, 喂

3 ❶ 这儿　　❷ 前面　　❸ 打车

　❹ 电话　　❺ 分钟

07

HSK 필수 단어

녹음 대본 07-02

A 多少	B 块	C 喝	D 菜

❶ B   ❷ C   ❸ D   ❹ A

단어끼리 합체

1 ❶ Zhōngguócài   ❷ hǎochī

    ❸ zhège xīngqī   ❹ rèshuǐ

문장으로 합체

❶ 사과 / 위안 / 위안   ❷ 먹고 / 중국요리

❸ 마시고 / 따뜻한 물   ❹ 이것 / 옷

스스로 확인

녹음 대본 07-04

我想吃苹果。 我想喝热水。 我想买水果。

1

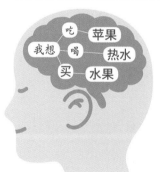

2 ❶ 水果, 吃, 苹果

    ❷ 东西, 买, 钱

3 ❶ 东西   ❷ 买   ❸ 想

    ❹ 好吃   ❺ 衣服

08

HSK 필수 단어

녹음 대본 08-02

A 狗	B 呢	C 那些	D 都

❶ B   ❷ A   ❸ D   ❹ C

단어끼리 합체

1 ❶ xiǎo gǒu   ❷ xiǎo māo   ❸ nàxiē

2 xiàmiàn

문장으로 합체

❶ 책상 / 의자   ❷ 고양이 / 좋아해요

❸ 책 / 아래   ❹ 의자 / 나

스스로 확인

녹음 대본 08-04

桌子上有电脑。小狗在桌子下面。小猫在椅子上。书在椅子下面。

1 ❶ 电脑   ❷ 小狗   ❸ 小猫   ❹ 书

2 ❶ 小猫, 上, 睡觉   ❷ 下, 下面

3 ❶ 有   ❷ 叫   ❸ 没有

    ❹ 椅子   ❺ 喜欢

09

HSK 필수 단어

• 녹음 대본 〔09-02〕

| **A** 听见 | **B** 哪 | **C** 和 | **D** 请 |

❶ B ❷ C ❸ D ❹ A

단어끼리 합체

1 ❶ xué chē ❷ tīngjiàn

❸ Hànzì ❹ míngnián

문장으로 합체

❶ 내년 / 운전 ❷ 중국어 / 친구

❸ 선생님 / 글자 ❹ 나의 / 이름

스스로 확인

• 녹음 대본 〔09-04〕

| 가로 ❶ 和 | 세로 ❶ 会 |
| ❷ 一点儿 | ❸ 名字 | ❹ 明年 |

1

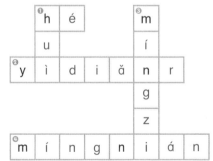

	❶h	é			❸m			
	u				í			
❷y	ì	d	i	ǎ	n	r		
					g			
					z			
❹m	í	n	g	n	i	á	n

2 ❶汉字，写，汉语，字 ❷五，书，本

3 ❶点儿 ❷请 ❸汉字

❹本 ❺说

10

HSK 필수 단어

• 녹음 대본 〔10-02〕

| **A** 茶 | **B** 住 | **C** 妈妈 | **D** 读 |

❶ B ❷ A ❸ D ❹ C

단어끼리 합체

1 dúshū

2 ❶ chábēi ❷ dàxué ❸ yǒudiǎnr

문장으로 합체

❶ 찻잔 / 조금 ❷ 요리, 음식 / 천만에요

❸ 죄송해요 / 괜찮아요 ❹ 학생 / 베이징대학

스스로 확인

• 녹음 대본 〔10-04〕

| ❶那些 | ❷对不起 | ❸没关系 |

1 ❶ × ❷ ○ ❸ ×

2 ❶对不起，茶，没关系

❷不客气，谢谢

3 ❶没关系 ❷爱 ❸对不起

❹这些 ❺住

01

OK! 실전 확인

녹음 대본 `11-01`

1. 九点十五分　　2. 看电视　　　3. 坐飞机
4. 不热　　　　　5. 喜欢小狗

1. ✗　　2. ✗　　3. ✓　　4. ✓　　5. ✓

내가 완성하는 듣기 대본

1 ❶ jiǔ / shíwǔ　　❷ diànshì　　❸ zuò

2 ❶ 热　　　　　　❷ 喜欢

02

OK! 실전 확인

녹음 대본 `12-01`

6. 我很喜欢小猫。　　7. 我妈妈是老师。
8. 谢先生，请喝茶。　　9. 我在看电视。
10. 我想吃中国菜。

6. C　　7. A　　8. A　　9. A　　10. B

내가 완성하는 듣기 대본

1 ❶ xǐhuan　　❷ lǎoshī　　❸ hē

2 ❶ 电视　　　❷ 想

03

OK! 실전 확인

녹음 대본 `13-01`

11. 男：她们是谁？
　　女：她们是我的同学。
12. 女：你女儿多大？她很漂亮!
　　男：她今年二十一岁。
13. 男：他是你的朋友吗？
　　女：是的，他今天去北京。
14. 女：你想吃什么？
　　男：我想吃苹果。
15. 男：你儿子在哪儿？
　　女：他在家里看电视。

11. A　　12. D　　13. E　　14. B　　15. C

내가 완성하는 듣기 대본

1 ❶ shéi / tóngxué　　❷ duō dà / jīnnián / suì

❸ péngyou / qù

2 ❶ 什么 / 苹果　　　❷ 哪儿 / 家

04

OK! 실전 확인

녹음 대본 `14-01`

16. 现在下雨了。
　　问：天气怎么样？
17. 我在学校，妈妈在医院。
　　问：妈妈在哪儿？
18. 今天是六月二十号，星期六。
　　问：明天星期几？
19. 他上午看书，下午看电视。
　　问：他上午做什么？
20. 妈妈去商店买水果。
　　问：妈妈在商店买什么？

16. A   17. C   18. C   19. C   20. B

내가 완성하는 듣기 대본

1 ❶ xiàyǔ / zěnmeyàng

  ❷ yīyuàn / nǎr

2 ❶ 月 / 号 / 星期

  ❷ 上午 / 下午 / 做

  ❸ 水果 / 商店

---

05 Mini 모의고사 듣기

녹음 대본 〔15-01〕

大家好! 欢迎参加HSK一级考试。 HSK一级听力考试分四部分，共20题。请大家注意，听力考试现在开始。第一部分一共5个题，每题听两次。例如；很高兴、很高兴，看电影、看电影。现在开始第1题。
여러분 안녕하세요! HSK 1급 시험에 참가하신 것을 환영합니다. HSK 1급 듣기 시험은 총 4부분으로 나뉘며, 모두 20문항입니다. 주의를 기울여 주세요. 듣기 시험 지금 시작합니다. 제1부분은 모두 5문항이며, 문제마다 두 차례 듣습니다. 예: 매우 기쁘다, 매우 기쁘다, TV를 보다, TV를 보다. 지금부터 제1번을 시작합니다.

第二部分一共5个题，每题听两次。例如；这是我的书。这是我的书。现在开始第6题。
제2부분은 모두 5문항이며, 문제마다 두 차례 듣습니다. 예: 이것은 나의 책이다, 이것은 나의 책이다. 지금부터 제6번을 시작합니다.

第三部分一共5个题，每题听两次。例如；你好! 你好! 很高兴认识你。你好! 你好! 很高兴认识你。现在开始第11题。
제3부분은 모두 5문항이며, 문제마다 두 차례 듣습니다. 예: 안녕하세요! 안녕하세요! 만나서 반갑습니다. 안녕하세요! 안녕하세요! 만나서 반갑습니다. 지금부터 제11번을 시작합니다.

第四部分一共5个题，每题听两次。例如；下午我去商店，我想买一些水果。他下午去哪里? 下午我去商店，我想买一些水果。他下午去哪里? 现在开始第16题。

제4부분은 모두 5문항이며, 문제마다 두 차례 듣습니다. 예: 오후에 나는 상점에 가서, 과일을 약간 사려고 해. 그는 오후에 어디에 가나요? 오후에 나는 상점에 가서, 과일을 약간 사려고 해. 그는 오후에 어디에 가나요? 지금부터 제 16번 시작합니다.

1. 妈妈

2. 在桌子上

3. 打电话

4. 坐出租车

5. 看医生

6. 我在学校。

7. 你的衣服很漂亮!

8. 他在家里看书。

9. 妈妈去商店买东西。

10. 下个月我想学开车。

11. A: 你在做什么?
    B: 我在学习汉语。

12. A: 他是医生吗?
    B: 是的，他在医院工作。

13. A: 今天天气怎么样?
    B: 今天很冷。

14. A: 这是我做的，吃一块儿!
    B: 谢谢。

15. A: 她们是谁?
    B: 她们四个都是我的学生。

16. 今天五月二号。
    问：明天几月几号?

17. 我有一个女儿，今年五岁了。
    问：女儿今年几岁了?

18. 昨天下雨了，今天天气很好!
    问：今天天气怎么样?

19. 这些都是昨天买的，苹果很好吃!
    问：他吃什么?

20. 我朋友在饭店，我们去那儿吃饭，好吗?
    问：他们想去哪儿吃饭?

1. ✔	2. ✗	3. ✗	4. ✔	5. ✔
6. A	7. B	8. A	9. C	10. C
11. D	12. A	13. E	14. B	15. C
16. C	17. C	18. A	19. B	20. A

해설

1. ──────────────────── 핵심 단어 妈妈

녹음의 '妈妈'는 '엄마'라는 뜻입니다. 아기를 안은 엄마가 있는 사진과 녹음이 일치하기 때문에 정답은 ✔입니다.

2. ──────────────────── 핵심 단어 在, 桌子, 上

'~에 있다'라고 말할 때는 '在+장소'로 표현합니다. 녹음의 '在桌子上'에서 '桌子'는 '책상'이라는 뜻입니다. '桌子'와 '椅子(의자)'를 혼동하는 경우가 많습니다. 사진은 의자이므로 녹음과 일치하지 않습니다. 정답은 X입니다.

3. ──────────────────── 핵심 단어 打电话

녹음은 '打电话'로 '전화를 하다'라는 뜻입니다. 사진은 텔레비전을 보고 있는 사람으로, 녹음과 일치하지 않습니다. '텔레비전을 보다'라는 표현은 '看电视'라고 합니다.

4. ──────────────────── 핵심 단어 坐, 出租车

녹음은 '坐出租车'로 '택시를 타다'라는 뜻입니다. 택시 사진과 일치하므로 정답은 ✔입니다. '出租车'와 자주 연결되는 동사는 '坐, 开, 打'로 '开出租车'는 '택시를 운전하다', '打出租车'는 '택시를 잡다'라는 뜻입니다. '打出租车'는 '打车'라고 간단하게 말하기도 합니다.

5. ──────────────────── 핵심 단어 看, 医生

녹음은 '看医生'으로 '진료를 받다'라는 뜻입니다. '看'은 주로 '보다'라는 뜻으로 쓰이지만 뒤에 오는 단어에 따라 '방문하다, 진료하다'라는 뜻도 가집니다. 의사와 환자가 있는 사진과 녹음이 일치하므로 정답은 ✔입니다.

6. ──────────────────── 핵심 단어 在, 学校

사진은 모두 장소를 나타내므로 녹음에서 '在+장소' 문장이 나올 것이라 유추할 수 있습니다. 그러므로 '在' 뒤에 나오는 장소가 정답이 됩니다. 녹음 '我在学校。'는 '나는 학교에 있다.'라는 뜻이므로 정답은 학교의 교실 사진 A입니다.

7. ──────────────────── 핵심 단어 衣服, 漂亮

녹음은 '你的衣服很漂亮!'으로 '네 옷 예쁘다!'라는 뜻입니다. 녹음과 어울리는 사진은 옷걸이에 블라우스가 걸려 있는 사진 B입니다.

8. ──────────────────── 핵심 단어 家, 里, 看, 书

녹음은 '他在家里看书。'로 '그는 집에서 책을 본다.'라는 뜻입니다. 남자가 책을 보고 있는 사진 A가 정답이 됩니다. 보기 세 장의 사진은 자주 출제되며, 녹음을 듣기 전에 미리 예상되는 단어를 떠올릴 수 있습니다. 사진 B는 먹는 사진으로 '吃饭', 사진 C는 전화를 하는 사진으로 '打电话'가 적절합니다.

9. ──────────────────── 핵심 단어 去, 商店, 买, 东西

녹음은 '妈妈去商店买东西。'로 '엄마는 상점에 가서 물건을 산다.'는 뜻입니다. 상점에서 물건을 고르고 있는 사진 C와 일치합니다. 자주 출제되는 형태인 '去(동사1)+장소+동사2'는 연동문으로 '~에 가서 ~을 한다(동사2)'라고 해석합니다.

10. ──────────────────── 핵심 단어 下个月, 学, 开车

녹음은 '下个月我想学开车。'로 '나는 다음 달에 운전을 배우고 싶다.'라는 뜻입니다. '운전하다'라는 의미의 '开车'를 잘 들었으면 문제를 풀기 쉽습니다. 보기 중 운전을 하는 사진 C와 녹음이 일치합니다.

11. ──────────────────── 핵심 단어 做, 什么, 学习, 汉语

녹음에서 '你在做什么?(너 뭐하고 있니?)'라는 질문에 '我在学习汉语。(나는 중국어를 공부하고 있어.)'라고 대답하고 있습니다. 질문에 어울리는 사진은 다양하지만 중국어를 공부하고 있다는 대답에 어울리는 사진은 D입니다.

12. ──────────────────── 핵심 단어 医生, 工作

녹음에서 '他是医生吗?(그는 의사니?)'라는 질문에 '是的, 他在医院工作。(맞아, 그는 병원에서 일해.)'라고 대답하고 있습니다. 질문에 나온 '의사'라는 뜻의 '医生'을 듣고 보기에서 의사 관련된 사진을 찾고, 답변까지 확실히 들으면 정답으로 A를 고를 수 있습니다.

13. ──────────────────── 핵심 단어 今天, 天气, 冷

녹음에서 '今天天气怎么样?(오늘 날씨는 어때?)'이라는 질문에 '今天很冷。(오늘은 추워.)'이라고 대답하고 있습니다. 추워하고 있는 사람이 있는 사진 E가 정답입니다.

14. ●핵심 단어 这, 做, 吃, 谢谢

녹음에서 '这是我做的，吃一块儿!(이것은 내가 만든 거야. 한 조각 먹어 봐!)'라는 제안에 '谢谢。(고마워.)'라고 대답하고 있습니다. 덩어리, 조각으로 이루어진 빵을 들고 있는 사진 B가 정답입니다. 여기서 '块'는 '덩어리, 조각'이라는 뜻의 양사로 쓰였습니다.

15. ●핵심 단어 谁, 都, 学生

녹음에서 '她们是谁?(그녀들은 누구야?)'라는 질문에 '她们四个都是我的学生。(그녀들 넷은 모두 내 학생이야.)'라고 대답하고 있습니다. 질문의 '谁'를 통해서 사람이 있는 사진으로 정답을 좁힐 수 있습니다. 그리고 네 명, 학생이라는 단어 '四个', '学生'으로 4명의 여학생이 있는 사진 C가 정답입니다.

16. ●핵심 단어 今天, 明天, 月, 号

선택지 3개가 모두 날짜를 나타내므로 녹음에 나오는 날짜를 잘 들어야 합니다. 녹음에서 '今天五月二号。(오늘은 5월 2일이다.)'라고 나왔고, 질문은 '明天几月几号?(내일은 몇 월 며칠인가요?)'라고 했습니다. 질문을 잘못 들으면 오늘 날짜인 B를 선택할 수도 있지만, 내일 날짜를 물어봤으므로 정답은 C '5月3号'입니다.

17. ●핵심 단어 女儿, 今年, 岁, 几

녹음에서 '我有一个女儿，今年五岁了。(나는 딸이 하나 있고, 올해 다섯 살이다.)'라고 나왔습니다. 이 문장에서 핵심 단어가 될 수 있는 것은 '女儿(딸)', '五岁(다섯 살)'입니다. 선택지는 모두 나이 표현으로 질문을 예상하기 쉽습니다. 질문은 '女儿今年几岁了?(딸은 올해 몇 살인가요?)'입니다. 들은 그대로 정답은 C '5岁'입니다.

18. ●핵심 단어 昨天, 下雨, 今天, 天气, 好, 怎么样

선택지를 보면 날씨와 관련된 표현이 나올 것을 예측할 수 있습니다 녹음에서 '昨天下雨了，今天天气很好!(어제는 비가 왔는데, 오늘은 날씨가 참 좋다!)'라고 나왔습니다. 질문은 '今天天气怎么样?(오늘 날씨는 어떤가요?)'입니다. 어제는 비가 왔고, 오늘의 날씨는 '很好(좋다)'라고 했으므로, A가 정답입니다. 질문에서 '昨天'과 '今天'을 잘 구별해서 들어야 합니다.

19. ●핵심 단어 这些, 买, 苹果, 好吃, 什么

선택지 세 개 모두 먹거리로, 녹음에 먹거리 관련 단어가 나온다면 그것이 답이 될 확률이 높습니다. 녹음에서 '这些都是昨

天买的，苹果很好吃!(이것들은 모두 어제 사온 거야. 사과 맛있다!)'라고 나왔습니다. 질문은 '他吃什么?(그는 무엇을 먹나요?)'라고 했습니다. 남자가 사과가 맛있다고 했으므로 남자가 먹고 있는 것은 B '苹果'입니다.

20. ●핵심 단어 朋友, 饭店, 去, 哪儿, 吃, 饭

선택지 세 개 모두 장소를 나타내므로, 녹음에서 장소 관련 단어가 나오면 그것이 답이 될 확률이 높습니다. 녹음에서 '我朋友在饭店，我们去那儿吃饭，好吗?(내 친구가 식당에 있어. 우리 거기 가서 밥 먹자. 괜찮아?)'라고 나왔습니다. 질문은 '他们想去哪儿吃饭?(그들은 어디에 가서 밥을 먹나요?)'라고 했습니다. 비교적 긴 문장이지만 제시된 장소는 '饭店' 하나뿐입니다. 정답은 A입니다.

06

●OK! 실전 확인

21. ✓　22. ✗　23. ✓　24. ✓　25. ✗

●내가 완성하는 듣기 대본

1 ❶ chá　❷ xiě　❸ tīng
2 ❶ 儿子　❷ 看　❸ 冷　❹ 热

07

●OK! 실전 확인

26. D　27. A　28. E　29. C　30. B

●내가 완성하는 듣기 대본

1 ❶ chī / cài　❷ shuìjiào　❸ xiàwǔ / fēijī
2 ❶ 都 / 同学　❷ 女儿 / 小猫

OK! 실전 확인

31. D   32. E   33. A   34. C   35. B

내가 완성하는 듣기 대본

1 ❶ shuìjiào / diǎn   ❷ tiānqì / Yǒudiǎnr

2 ❶ 多少钱 / 块

  ❷ 汉语 / 谁 / 也 / 认识

  ❸ 先生 / 时候 / 月

09

OK! 실전 확인

36. A   37. C   38. E   39. D   40. B

내가 완성하는 듣기 대본

1 ❶ diànyǐng   ❷ xiǎng

2 ❶ 回家   ❷ 哪儿 / 看见

  ❸ 菜 / 谢谢 / 客气

10 Mini 모의고사 **독해**

21. ✓	22. ✗	23. ✓	24. ✓	25. ✓
26. C	27. B	28. A	29. F	30. D
31. C	32. E	33. B	34. A	35. F
36. A	37. E	38. D	39. F	40. C

해설

21. ─────────────── 핵심 단어 钱

'钱'은 '돈'이라는 뜻으로 중국 화폐가 있는 사진과 일치하므로 정답은 ✓입니다.

22. ─────────────── 핵심 단어 医生

'医生'은 '의사'라는 뜻으로 학생이 있는 사진과 일치하지 않으므로 정답은 ✗입니다.

23. ─────────────── 핵심 단어 学习

'学习'는 '공부하다'라는 뜻으로 학생이 공부하고 있는 사진과 일치하므로 정답은 ✓입니다.

24. ─────────────── 핵심 단어 多

'多'는 '많다'라는 뜻으로 사람이 많이 지나가고 있는 사진과 일치하므로 정답은 ✓입니다.

25. ─────────────── 핵심 단어 出租车

'出租车'는 '택시'라는 뜻으로 택시가 있는 사진과 일치하므로 정답은 ✓입니다.

26. ─────────────── 핵심 단어 想, 喝, 水

'我想喝一杯水。'는 '나는 물 한 잔을 마시고 싶다.'라는 뜻입니다. 컵에 물이 담긴 사진 C가 답으로 적절합니다.

27. ─────────────── 핵심 단어 喜欢, 小狗

'我喜欢小狗。'는 '나는 강아지를 좋아한다.'라는 뜻입니다. 제시된 정보가 명확하여 강아지 사진인 B가 정답입니다.

28. ─────────────── 핵심 단어 这些, 写, 汉字

'这些都是我写的汉字。'는 '이것들은 모두 내가 쓴 한자이다.'라는 뜻입니다. 한자를 쓰고 있는 사진 A가 가장 적절합니다.

29. ─────────────── 핵심 단어 做, 菜, 好吃

'我爸爸做的菜很好吃。'는 '우리 아빠가 만든 음식은 맛있다.'라는 뜻입니다. 남자가 요리하고 있는 사진 F가 가장 적절합니다.

30. ──────── 핵심 단어 学校, 工作, 老师

'她在学校工作，是个老师。'는 '그녀는 학교에서 일하고, 선생님이다.'라는 뜻입니다. 여자이고 선생님이 있는 사진 D가 정답입니다.

31. ──────── 핵심 단어 电话, 电视, 前面

'我的电话呢?'는 '내 전화는요?'라는 뜻으로, 여러 상황의 답변이 나올 수 있습니다. 위치를 물어봤을 때 위치로 답하는 C '在电视前面。(텔레비전 앞에 있어요.)'가 정답입니다.

32. ──────── 핵심 단어 怎么, 去, 坐, 飞机

'你怎么去北京?'은 '당신은 어떻게 베이징에 가나요?'라는 뜻입니다. '怎么去'는 어떤 교통수단으로 목적지에 가는지 묻는 표현입니다. 이에 대한 대답으로는 교통수단이 제시됩니다. 교통수단이 나온 답변은 E '坐飞机去。(비행기를 타고 가요.)' 입니다.

33. ──────── 핵심 단어 几, 分钟, 来, 这儿, 开车

'你几分钟能来这儿?'은 '당신은 여기까지 오는데 얼마나 걸리나요?'라는 뜻입니다. '分钟'은 시간의 길이를 나타내며 '分(분)'과 구분되어 사용됩니다. 시간의 길이를 묻는 질문에 대한 답변으로는 숫자가 제시되어야 합니다. 보기 B와 F 중 '운전해서 가면 5분 걸려요.'라는 뜻의 B '开车去，5分钟。'이 정답입니다.

34. ──────── 핵심 단어 能, 坐, 这儿, 请

'我能坐在这儿吗?'는 '제가 여기 앉아도 되나요?'라는 뜻입니다. 이 질문에는 '앉으세요.'라는 의미의 '请坐。'가 가장 자연스럽습니다. 정답은 A입니다.

35. ──────── 핵심 단어 什么时候, 去

'他们什么时候去中国?'는 '그들은 언제 중국에 가나요?'라는 뜻입니다. '什么时候'는 언제인지 때를 묻는 의문대명사로, 이에 대한 대답으로는 시기를 나타내는 말이 적절합니다. 따라서 '8월'을 뜻하는 F '8月'만 정답으로 가능합니다.

36. ──────── 핵심 단어 喂, 先生, 家

빈칸 앞에 '在'가 있으므로 빈칸에 들어갈 알맞은 단어는 장소를 나타내는 단어입니다. '在' 뒤에는 주로 장소명사가 오며, '~에 있다'라는 뜻으로 해석됩니다. 보기 중 '집'이라는 뜻의 A '家'가 정답입니다. '喂，张先生在家吗?'는 '여보세요, 장 선생 집에 있나요?'라는 뜻입니다.

37. ──────── 핵심 단어 儿子, 上个月, 学车, 现在, 开车

'我儿子是上个月学车的。'는 '내 아들은 지난달에 운전을 배웠다.'라는 뜻입니다. 그 뒤에는 '现在'를 활용하여 지금은 어떻다는 것을 나타냅니다. '开车'는 '운전하다'라는 동사로 앞의 빈칸에는 조동사가 와야 합니다. 운전을 배웠으니 할 수 있다는 뜻으로 '会'가 적절합니다. '会'는 학습 등으로 할 수 있다는 것을 나타내는 조동사입니다. '上个月'는 '지난달', '这个月'는 '이번 달', '下个月'는 '다음 달'을 나타냅니다.

38. ──────── 핵심 단어 和, 打电话

빈칸 앞에는 숫자 10이 있습니다. 숫자 뒤에 올 수 있는 단어 중 시간의 길이를 나타내는 단어 D '分钟'이 정답입니다. '我和妈妈打了10分钟电话。'는 '나는 엄마와 10분 동안 전화했다.'라고 해석할 수 있습니다.

39. ──────── 핵심 단어 哪, 国, 中国人

남자가 '你是哪国人?(당신은 어느 나라 사람인가요?)'라고 물었습니다. 국적을 묻는 질문으로, '哪'는 의문대명사입니다. 이에 대해 빈칸에 들어갈 말은 국적이 맞습니다. 정답은 F '中国人(중국인)'입니다.

40. ──────── 핵심 단어 明天, 能, 工作, 太……了

'好多了，明天能去工作。'는 '많이 좋아졌어요. 내일은 일하러 갈 수 있어요.'라는 뜻입니다. '好'는 '좋다'라는 뜻의 형용사로, 빈칸에 들어갈 적절한 단어는 부사인 '太'가 적절합니다. '太'는 '아주, 매우'의 뜻으로 주로 '太……了' 형식으로 쓰입니다. 부정형은 '不太'로 '그다지 ~하지 않다'라는 뜻으로 '了'는 쓰지 않습니다.

모의고사 1회

1. ✗	2. ✓	3. ✓	4. ✗	5. ✓
6. C	7. A	8. B	9. A	10. C
11. A	12. D	13. C	14. F	15. E
16. B	17. C	18. A	19. C	20. C
21. ✓	22. ✗	23. ✓	24. ✗	25. ✓
26. C	27. E	28. F	29. D	30. A
31. B	32. F	33. A	34. C	35. D
36. E	37. C	38. A	39. B	40. F

녹음 대본 20-01

1. 五块

2. 在学校

3. 吃米饭

4. 写汉字

5. 请坐。

6. 小猫在睡觉。

7. 我女儿今年八岁了。

8. 这个椅子怎么样?

9. 我看看有多少钱。

10. 今天好多了,谢谢医生。

11. A: 喂,你在哪儿?
    B: 妈妈,我回家了。

12. A: 今天几月几号?
    B: 今天九月十八号。

13. A: 李同学来了吗?
    B: 老师,我在这儿。

14. A: 来,喝杯水!
    B: 谢谢,今天太热了。

15. A: 这个人是谁?
    B: 是我,十多年前。

16. 我在北京买了电脑。
    问: 他在哪里买的?

17. 今天下午,我朋友来这儿了。
    问: 他朋友什么时候来的?

18. A: 老师,今天我不能去学校。
    问: 他今天怎么了?

19. 十二点了,吃午饭吧!
    问: 现在几点?

20. 我和王先生在飞机上认识的。
    问: 他们在哪儿认识的?

해설

1. ————————— 핵심 단어 五,块

사진에 100위안이 5장 있는 것으로 보아 500위안을 나타냅니다. 하지만 녹음에서는 '五块'라고 하며, 이는 5위안을 의미하기 때문에 사진과 녹음은 일치하지 않습니다. 중국에서 돈을 나타낼 때 글로 쓸 때와 말로 할 때가 다릅니다. 글로 표현할 때는 주로 '元'을, 말로 표현할 때는 '块'를 사용합니다.

2. ————————— 핵심 단어 学校

'在+장소'는 '~에 있다'라는 표현으로 녹음에서 나온 '在学校'는 '학교에 있다'라는 뜻입니다. 학교 교실 사진과 녹음이 일치하기 때문에 정답은 ✓입니다.

3. ————————— 핵심 단어 吃,米饭

녹음의 '吃米饭'은 '밥을 먹다'라는 뜻으로, 쌀이 담긴 밥그릇이 있는 사진과 일치합니다. '밥을 먹다'라는 표현으로 '吃米饭'을 '吃饭'으로 줄여서 쓰는 경우도 있으니 알아두세요!

4. ————————— 핵심 단어 写,汉字

녹음의 '写汉字'는 '한자를 쓰다'라는 뜻으로, 영어의 알파벳을 쓰고 있는 사진과는 일치하지 않습니다.

5. ————————— 핵심 단어 请,坐

녹음의 '请坐。'는 '앉으세요.'라는 뜻으로, 빈 의자를 가리키며 자리에 앉기를 권하는 사진과 일치합니다. 동작 앞에 '请'을 붙이면 상대방에게 공손하게 권하는 표현이 됩니다. '请坐' '请喝茶' '请吃饭' 등으로 자주 쓰입니다.

6. ─────────────────── 핵심 단어 小猫, 睡觉

보기로 제시된 세 장의 사진이 모두 고양이 사진이므로, 정답은 고양이의 행동으로 결정된다는 것을 알 수 있습니다. 녹음을 듣기 전에 어떤 단어가 나올지 미리 생각해 두면 문제를 풀기 쉽습니다. 보기를 보고 '吃(먹다)' '玩(놀다)' '睡觉(잠자다)' 중 하나가 나올 것을 예상하고 녹음을 들어보세요. 녹음은 '小猫在睡觉。'로, '고양이가 자고 있다.'라는 뜻입니다. 정답은 C입니다.

7. ─────────────────── 핵심 단어 女儿, 今年, 八, 岁

녹음의 '我女儿今年八岁了。'는 '내 딸은 올해 8살이다.'라는 의미이므로 어려 보이는 여자아이 사진인 A가 정답입니다.

8. ─────────────────── 핵심 단어 椅子, 怎么样

각기 다른 사물 3개가 보기의 사진으로 제시되었으므로 녹음에서 명사를 잘 듣고 정답을 찾아야 합니다. 녹음의 '这个椅子怎么样?'은 '이 의자는 어때요?'라는 의미로, '의자'를 뜻하는 '椅子'만 잘 듣는다면 정답을 쉽게 고를 수 있습니다. 정답은 B입니다.

9. ─────────────────── 핵심 단어 看, 有, 多少, 钱

녹음의 '我看看有多少钱。'은 '돈이 얼마나 있는지 보자.'라는 뜻으로 지갑을 여는 사진 A가 적절합니다. 보기 B에 어울리는 단어는 '吃', C에 어울리는 단어는 '喝'입니다.

10. ─────────────────── 핵심 단어 好, 谢谢, 医生

각기 다른 사람들이 다른 행동을 하고 있어 행동이나 직업과 관련된 문제임을 알 수 있습니다. 녹음에서 '今天好多了，谢谢医生。'이라고 했습니다. '오늘은 많이 나아졌습니다. 의사 선생님 감사합니다.'라는 뜻으로 의사와 환자가 있는 사진 C가 적절합니다. 보기 A에는 '老师' '学生' 등의 단어가 적절합니다.

11. ─────────────────── 핵심 단어 喂, 哪儿, 回家

녹음에서 '喂，你在哪儿?(여보세요? 너 어디야?)'이라고 묻자, '妈妈，我回家了。(엄마, 저 집에 왔어요.)'라고 대답하는 상황입니다. '喂'는 '여보세요'라는 뜻으로 두 사람이 통화를 하는 상황임을 알 수 있습니다. 집에 왔다고 하는 대답을 통해 집에서 전화를 받는 사진 A가 적절합니다.

12. ─────────────────── 핵심 단어 今天, 几, 月, 号

녹음에서 '今天几月几号?(오늘은 몇 월 며칠이야?)'라고 날짜를 묻자 '今天九月十八号。(오늘은 9월 18일이야.)'라고 오늘 날짜를 대답하고 있으므로 달력이 있는 사진 D가 적절합니다.

13. ─────────────────── 핵심 단어 同学, 来, 老师, 在, 这儿

녹음에서 '李同学来了吗?(리 학생 왔나요?)'라고 묻자 '老师，我在这儿。(선생님, 저 여기 있어요.)'라고 대답합니다. 이를 통해 선생님과 학생이 나누는 대화임을 알 수 있고, 교실에서 학생이 손을 들고 있는 사진 C가 가장 적절합니다.

14. ─────────────────── 핵심 단어 喝, 水, 热

녹음에서 '来，喝杯水!(자, 물 한 잔 마셔!)'라고 하자, '谢谢，今天太热了。(고마워, 오늘 너무 덥네.)'라고 하는 대화입니다. 보기의 사진을 미리 봤다면 핵심 단어인 '水'를 듣고 비교적 쉽게 F를 고를 수 있습니다.

15. ─────────────────── 핵심 단어 谁, 多, 前

녹음에서 '这个人是谁?(이 사람은 누구야?)'라는 물음에 '是我，十多年前。(십여 년 전의 나야.)'라고 대답했습니다. 의문대명사 '谁'가 들어간 질문은 누구인지 묻는 문제이지만 보기의 모든 사진에 사람이 나오므로 핵심 정보를 잘 이해해야 합니다. '십여 년 전의 나'라는 대답을 통해 과거의 사진을 보고 있을 가능성이 크므로 정답은 E입니다. 이 표현을 이해하지 못했으면 문제를 풀 수 없지만, 만약 듣지 못했을 경우, 확실한 오답을 제외하고 가능성이 높은 답을 고르는 방법도 있습니다.

16. ─────────────────── 핵심 단어 北京, 买, 电脑

보기 3개 모두 장소를 나타내므로 녹음에 나오는 장소를 잘 들어야 합니다. 녹음에서 '我在北京买了电脑。(나는 베이징에서 컴퓨터를 샀다.)'라고 나왔고, 질문은 '他在哪里买的?(그는 어디에서 샀나요?)'로, 정답은 B '北京'입니다. 주로 '在'나 '去' 뒤에 장소가 나오는 경우가 많으므로 주의해서 들으세요!

17. ─────────────────── 핵심 단어 今天, 下午, 朋友, 来, 这儿

보기 모두 '今天+시간' 이므로 오전, 정오, 오후만 구분하여 들으면 됩니다. 녹음에서 '今天下午，我朋友来这儿了。(오늘 오후에 내 친구는 여기에 왔다.)'라고 했고, 질문은 '他朋友什么时候来的?(그의 친구는 언제 왔나요?)'라고 했으므로 시간을 물어보는 질문입니다. 정답은 C '今天下午'입니다.

핵심 단어 今天, 不, 去, 怎么

녹음에서 '老师，今天我不能去学校。(선생님, 저 오늘 학교에 못 가요.)'라고 말했고, 질문으로는 '他今天怎么了?(그는 오늘 무슨 일인가요?)'라고 묻고 있습니다. 정답은 A '不能去学校'입니다.

19.

핵심 단어 点, 吃, 现在, 几

제시된 단어 모두 시간을 나타내는 '点'이 나오므로 시간을 잘 들어야 합니다. 녹음에서 '十二点了，吃午饭吧!(12시야. 점심 먹자!)'라고 했고 '现在几点?(지금은 몇 시인가요?)'라고 현재 시각을 물어봤으므로 정답은 C '十二点'입니다. 시간은 보통 녹음의 앞부분에 자주 나옵니다.

20.

핵심 단어 飞机, 认识

제시된 단어는 모두 장소를 나타내고 있으므로 장소 표현에 집중해서 녹음을 들어야 합니다. 녹음에서 '我和王先生在飞机上认识的。(나와 왕 선생은 비행기에서 알게 되었다.)'라고 하였고, 질문으로 '他们在哪儿认识的?(그들은 어디에서 알게 되었나요?)'라고 장소를 물어봤으므로 정답은 C '在飞机'입니다. '在+장소' '去+장소' 표현을 생각하며 녹음을 들으면 정답을 찾기 쉽습니다.

21.

핵심 단어 工作

'工作'는 '일하다'라는 뜻입니다. 여자가 컴퓨터로 일을 하는 사진과 일치하므로 정답은 ✓입니다.

22.

핵심 단어 喝

'喝'는 '마시다'라는 뜻입니다. 사진은 과일을 먹고 있는 모습으로 '먹다'라는 뜻의 단어 '吃'와 어울리므로 정답은 X입니다.

23.

핵심 단어 写

'写'는 '쓰다'라는 뜻입니다. 글씨를 쓰고 있는 사진과 일치하므로 정답은 ✓입니다.

24.

핵심 단어 医院

'医院'은 '병원'이라는 뜻입니다. 사진은 물건이 있는 상점을 나타내므로 정답은 X입니다.

25.

핵심 단어 三

'三'은 숫자 3이니 오리가 세 마리 있는 사진과 일치합니다. 정답은 ✓입니다. 3개는 '三个'라고 표현할 수도 있습니다.

26.

핵심 단어 喜欢, 喝, 茶

좋아하거나 즐겨 하는 행동 앞에 주로 동사 '喜欢'이나 '爱'를 사용합니다. '我喜欢喝茶。'는 '나는 차 마시는 것을 좋아한다.'라는 뜻입니다. 그러므로 찻잔에 담긴 차가 있는 사진 C가 정답입니다.

27.

핵심 단어 想, 坐, 这儿

'我想坐这儿。'은 '나는 여기에 앉고 싶다.'라는 뜻입니다. 이 문장은 '想+동사구'의 문장으로 핵심 표현이 되는 '동사+목적어'를 파악해야 합니다. '坐+这儿'이 이에 해당합니다. 그러므로 빈 벤치가 있는 사진 E가 적절합니다.

28.

핵심 단어 前面, 电影院, 看

'前面有电影院，我们一起去看电影好吗?'는 '앞쪽에 영화관이 있는데, 우리 같이 영화 보러 갈래?'라는 뜻의 문장입니다. 비교적 긴 문장이지만 '电影院'이 '영화관'이라는 것을 알고 있다면 F를 정답으로 바로 고를 수 있습니다.

29.

핵심 단어 认识, 妈妈

'我认识他妈妈。'는 '나는 그의 엄마를 안다.'라는 뜻입니다. '엄마'라는 뜻의 '妈妈'로 보기에서 사진 B와 D로 선택의 폭을 좁힐 수 있습니다. 남자아이와 성인 여자가 함께 있는 사진 D를 정답으로 연결하는 것이 자연스럽습니다.

30.

핵심 단어 开, 出租车, 多少, 年

'你开出租车多少年了?'는 '당신은 택시를 운전한 지 몇 년이 되었나요?'라는 뜻의 문장입니다. '多少'가 있는 문장은 숫자와 관련된 문장으로 출제되는 경향이 많지만, 보기에는 숫자와 관련된 사진이 없으므로 전체 문장을 잘 파악해야 합니다. '出租车'는 '택시'라는 뜻으로 택시와 운전기사가 있는 사진 A가 정답으로 가장 적절합니다.

31.

핵심 단어 电话, 多少

'你的电话是多少?'는 '당신의 전화번호는 몇 번인가요?'라는 뜻입니다. '多少'는 숫자를 묻는 질문에 사용됩니다. 전화번호를 묻는 질문에 대한 대답으로는 B가 적절합니다. HSK 1급에서는 비교적 간단한 숫자가 출제된다는 점에 유의하세요!

32.
> 핵심 단어 做, 菜, 怎么样

'我做的菜怎么样?'은 '내가 만든 음식이 어떤가요?'라는 뜻입니다. '怎么样'은 상대방의 의견을 물을 때 사용되는 단어입니다. 대답할 때는 주로 부사 '很(매우)' '太……了(아주)' '有点儿(조금)' 등을 활용하여 대답합니다. '很好吃。(맛있다.)'라고 대답한 F가 가장 적절합니다.

33.
> 핵심 단어 明天, 几, 点, 见

'明天几点见?'은 '내일 몇 시에 볼까?'라는 뜻입니다. A에 '上午八点，再见。(오전 8시에 보자. 잘 개)'이라고 했으므로 시간을 나타내는 '点'이 있는 A가 정답입니다.

34.
> 핵심 단어 没, 去, 商店

'水没了，谁能去商店买?'는 '물이 없네! 누가 상점에 가서 살 수 있나요?'라는 뜻으로 사람을 나타내는 단어나 있다, 없다 정도의 대답이 올 수 있습니다. 제시된 보기 중 사람을 가리키는 C '张同学'가 가장 적절합니다.

35.
> 핵심 단어 去, 想, 做, 什么

'想'은 '~하고 싶다'의 뜻으로 동사 앞에 쓰여 희망하거나 계획을 표현하는 데 쓰입니다. '你去北京想做什么?'는 '당신은 베이징에 가면 무엇을 하고 싶나요?'라는 의미의 문장입니다. 일반적으로 想으로 질문하면 想으로 대답합니다. 그러므로 '我想见我朋友。(내 친구를 만나고 싶어요.)'라고 대답하는 D가 가장 적절합니다.

36.
> 핵심 단어 会, 说, 汉语, 汉字

'会'는 '~할 수 있다'는 뜻으로 동사 앞에 쓰여 학습 경험으로 능력을 갖췄을 때 쓰입니다. '会' 뒤에 위치한 빈칸에 들어갈 알맞은 단어의 품사는 동사입니다. 선택지 중 동사는 A '坐'와 E '写'이고 이 중 뒤의 '汉字'와 어울리는 '写'가 정답입니다. '我会说汉语，不会写汉字。'는 '나는 중국어를 할 줄 알고, 한자는 쓸 줄 모른다.'라는 뜻입니다.

37.
> 핵심 단어 这儿, 太, 不, 喜欢

제시된 문장에 '太'가 있습니다. '太+형용사'는 강조 표현입니다. 빈칸에 형용사 '热'를 넣으면 문장 '这儿太热，我不喜欢住这儿。'이 완성됩니다. '여기는 너무 더워서 나는 이곳에 사는 것이 좋지 않다.'라는 뜻입니다.

38.
> 핵심 단어 后面, 椅子, 想

'想'은 동사 앞에 쓰이므로, 빈칸에 들어갈 적절한 단어의 품사는 동사입니다. A '坐'와 E '写' 중 적합한 단어는 '坐'입니다. '后面有椅子，你想坐吗?'는 '뒤에 의자가 있는데 당신은 앉고 싶나요?'라는 뜻입니다.

39.
> 핵심 단어 桌子, 上

조사 '的'는 '명사+的+명사'의 형태로 소유를 나타냅니다. 보기 중에 명사는 B '衣服'입니다. 남자가 '我的衣服呢?(내 옷은?)'라고 묻자 여자가 '在桌子上。(테이블 위에 있어.)'이라고 답하는 대화입니다.

40.
> 핵심 단어 米饭, 有点儿, 少, 现在, 做

남자가 '妈妈，米饭有点儿少。(엄마, 밥이 좀 적어요.)'라고 말하자 여자가 뭐라 말하며, '现在做饭呢。(지금 밥을 하고 있어.)'라고 대답했습니다. 빈칸에 들어갈 알맞은 단어는 '괜찮다, 문제없다'라는 뜻의 '没关系'입니다. '没关系'는 주로 '对不起'와 짝을 이루어 사용되는 경우가 많지만 '괜찮다' '문제없다'라고 쓰이는 경우에는 어디에나 쓸 수 있습니다.

1. ✓	2. ✓	3. ✗	4. ✓	5. ✗
6. C	7. A	8. A	9. B	10. C
11. C	12. A	13. E	14. D	15. F
16. C	17. A	18. A	19. B	20. B
21. ✓	22. ✓	23. ✗	24. ✗	25. ✗
26. C	27. F	28. E	29. D	30. A
31. C	32. A	33. B	34. F	35. D
36. F	37. A	38. C	39. B	40. E

녹음 대본 21-01

1. 我的电脑

2. 先生

3. 三分钟

4. 喝水

5. 买东西

6. 我喜欢喝茶。

7. 妈妈在工作。

8. 我坐飞机回来。

9. 医生，我的猫怎么样？

10. 我有一个中国朋友。

11. A: 这么多水果都是你的吗？　　B: 是我的。

12. A: 爸爸，我要去学校。　　B: 女儿，再见！

13. A: 你们在做什么？　　B: 我们在学习汉语。

14. A: 你怎么回家？　　B: 我想坐出租车去。

15. A: 今天看的电影怎么样？　　B: 很好看。

16. 下大雨了，吃了饭后回去吧。
    问：现在天气怎么样？

17. 这本书是爸爸买回来的。
    问：爸爸买了什么？

18. 我朋友家在学校后面。
    问：他朋友家的前面有什么？

19. 老师，现在我能写我的名字。
    问：他能写什么？

20. 上个月我去了中国。
    问：她什么时候去了中国？

해설

1. ──────────────── 핵심 단어 我, 电脑

녹음 '我的电脑'는 '나의 컴퓨터'라는 뜻으로, 컴퓨터가 있는 사진과 일치합니다. '的'는 '～의'라는 뜻으로 소유를 나타냅니다.

2. ──────────────── 핵심 단어 先生

녹음 '先生'은 '선생, 씨'라는 뜻으로 성인 남자를 가리키는 말입니다. 성인 남자가 있는 사진과 일치하므로 정답은 ✓입니다.

3. ──────────────── 핵심 단어 分钟

녹음 '三分钟'은 '3분'이라는 뜻으로, '分钟'은 시간의 길이를 나타냅니다. 사진은 3시를 가리키는 시계로 녹음과 일치하지 않습니다. '3시'를 나타내는 표현은 '三点'입니다.

4. ──────────────── 핵심 단어 喝, 水

녹음 '喝水'는 '물을 마시다'라는 뜻으로, 물을 마시고 있는 사진과 일치합니다. 정답은 ✓입니다.

5. ──────────────── 핵심 단어 买, 东西

녹음 '买东西'는 '물건을 사다'라는 뜻으로, 전화를 하고 있는 사진과 일치하지 않습니다. 사진과 어울리는 단어로는 '打电话(전화하다)'가 적절합니다. 이 표현도 자주 출제되니 꼭 익혀 두세요!

6. ──────────────── 핵심 단어 喝, 茶

제시된 세 장의 사진은 서로 연관성이 없어서 동사나 명사 중 핵심 한 가지만 잘 들어도 쉽게 정답을 찾을 수 있습니다. 녹음에서 '我喜欢喝茶。(나는 차 마시는 것을 좋아한다.)'가 나왔으므로, 동사 '喝(마시다)', 명사 '茶(차)'를 듣고 차를 마시고 있는 사진 C를 고를 수 있습니다.

7. ──────────────── 핵심 단어 妈妈, 工作

녹음에서 '妈妈在工作。(엄마는 일하고 계신다.)'라고 했습니다. 사진 모두 여성이지만 일하는 엄마와 가장 가까운 사진은 A이다.

8. ──────────────── 핵심 단어 坐, 飞机

제시된 세 장의 사진은 모두 교통수단 사진입니다. 녹음에서 '我坐飞机回来。(나는 비행기를 타고 돌아왔다.)'라고 했습니다. 동사 '坐' 뒤에 나오는 교통수단 '飞机'가 핵심 단어입니다. 그러므로 비행기가 있는 사진 A가 정답입니다.

9. ──────── •핵심 단어 医生, 猫, 怎么样

녹음에서 '医生，我的猫怎么样?(의사 선생님, 제 고양이는 어떤가요?)'이라고 했습니다. 첫 단어로 '医生'이 나왔으므로, 의사가 있는 사진 A와 B 중에 답을 고를 수 있습니다. 뒷부분의 '猫(고양이)'까지 들으면 정답으로 B가 확실해집니다.

10. ──────── •핵심 단어 有, 中国, 朋友

제시된 세 장의 사진에는 각기 다른 나라 전통 의상을 입은 사람이 등장했습니다. 녹음에서 '我有一个中国朋友。(나는 중국인 친구가 한 명 있다.)'라고 했으므로, '중국'이란 뜻을 가진 '中国'을 들었다면 사진 C를 정답으로 고를 수 있습니다.

11. ──────── •핵심 단어 这么, 水果, 都

녹음에서 '这么多水果都是你的吗?(이렇게 많은 과일들이 다 네 것이니?)'라고 묻자 '是我的。(내 것이야.)'라고 답하고 있습니다. 익숙하지 않은 단어들의 조합에 당황할 수도 있습니다. 어려운 문장이 나올 때는 가장 잘 들리는 단어로 정답을 찾는 방법을 추천합니다. '水果(과일)'가 가장 잘 들리므로 과일이 있는 사진 C가 정답으로 가장 적절합니다.

12. ──────── •핵심 단어 爸爸, 女儿, 再见

녹음에서 '爸爸，我要去学校。(아빠, 저 학교에 가야 해요.)'라고 하자, '女儿，再见!(딸, 잘 다녀와!)'이라고 답하고 있습니다. 따라서 딸과 아빠가 손을 흔들고 있는 사진인 A가 정답입니다.

13. ──────── •핵심 단어 做, 什么, 学习, 汉语

녹음에서 '你们在做什么?(너희는 무엇을 하고 있니?)'라고 물었고, '我们在学习汉语。(우리는 중국어를 공부하고 있어.)'라고 답하고 있습니다. 핵심 단어 '学习(공부하다)'만 들어도 사진 E를 쉽게 고를 수 있습니다. '学习'는 간단히 '学'라고만 쓸 수도 있습니다.

14. ──────── •핵심 단어 怎么, 回, 家, 坐, 出租车

녹음에서 '你怎么回家?(너는 어떻게 집에 갈 거니?)'라고 묻자 '我想坐出租车去。(나는 택시를 타고 갈 거야.)'라고 답하고 있습니다. 핵심 단어 '出租车(택시)'만 들어도 사진 D를 쉽게 고를 수 있습니다.

15. ──────── •핵심 단어 今天, 看, 电影, 好看

녹음에서 '今天看的电影怎么样?(오늘 본 영화는 어땠어?)'이라고 묻자, '很好看。(아주 좋았어.)'라고 답하고 있습니다. '电影'은 '영화'라는 뜻으로 영화관이 보이는 사진 F가 정답입니다.

16. ──────── •핵심 단어 吃饭, 后, 回, 去, 天气, 怎么样

녹음에서 '下大雨了，吃了饭后回去吧。(비가 많이 와. 밥을 먹은 다음에 돌아가자.)'라고 나왔고, 질문은 '现在天气怎么样?(지금 날씨는 어떤가요?)'이라고 했습니다. '下雨' 사이에 '大'가 있으면 '비가 많이 온다'라는 뜻입니다. 다른 날씨는 언급되지 않았으므로 C '下雨'가 정답입니다.

17. ──────── •핵심 단어 本, 书, 买, 什么

녹음에서 '这本书是爸爸买回来的。(이 책은 아빠가 사가지고 오신 거야.)'라고 나왔고, 질문은 '爸爸买了什么?(아빠는 무엇을 샀나요?)'라고 했습니다. 보기 3개가 모두 명사이므로 녹음의 핵심어는 명사입니다. 명사 표현의 경우 앞에 양사와 함께 쓰이는 경우가 있으므로 명사와 양사를 염두해 두고 녹음을 들으면 쉽게 답을 찾을 수 있습니다. '这本书'는 '이 책'이라는 뜻으로 정답은 A입니다.

18. ──────── •핵심 단어 朋友, 家, 在, 学校, 后面

녹음에서 '我朋友家在学校后面。(내 친구 집은 학교 뒤쪽에 있다.)'라고 나왔고, 질문은 '他朋友家的前面有什么?(그의 친구 집 앞에는 무엇이 있나요?)'라고 하고 있습니다. 먼저 보기를 살펴보면 모두 장소임을 알 수 있습니다. 녹음에 언급된 장소는 '朋友家'와 '学校'로 보기를 확인하면 '学校'가 답이 될 확률이 높습니다. 친구 집은 학교 뒤에 있다고 했기 때문에 친구 집 앞에는 학교가 있습니다. 정답은 A '学校'입니다.

19. ──────── •핵심 단어 能, 写, 名字

선택지 세 개의 공통점을 찾기 어려운 문제입니다. 녹음을 들으면서 보기와 일치하는 단어를 파악해야 정확한 답을 찾을 수 있습니다. 녹음에서 '老师，现在我能写我的名字。(선생님, 지금 저는 제 이름을 쓸 줄 알아요.)'라고 했고, 질문은 '他能写什么?(그는 무엇을 쓸 수 있나요?)'라고 했습니다. '写' 뒤에 나온 '我的名字(내 이름)'가 정답으로 알맞으며, 따라서 정답은 B입니다.

20. ───────────── 핵심 단어 上个月, 去, 中国, 什么时候

듣기 제4부분은 선택지 세 개를 먼저 확인하고 녹음을 들어야 핵심 단어를 파악하기 쉽습니다. 날짜 표현은 주로 문장의 앞부분에 나오는 경우가 많으므로 첫 부분을 놓치지 말아야 합니다. 녹음에서 '上个月我去了中国。(지난달에 나는 중국에 갔다.)'라고 했고, 질문은 '她什么时候去了中国?(그녀는 언제 중국에 갔나요?)'라고 묻고 있습니다. 문장 첫 부분에 나온 '上个月'와 일치하는 B가 정답입니다.

21. ───────────── 핵심 단어 喜欢

'喜欢'은 '좋아하다'라는 뜻입니다. 여자가 강아지를 안고 행복해하는 사진과 일치하므로 정답은 ✓입니다.

22. ───────────── 핵심 단어 衣服

'衣服'는 '옷'이라는 뜻입니다. 옷걸이에 옷이 걸려있는 사진과 일치하므로 정답은 ✓입니다.

23. ───────────── 핵심 단어 上面

'上面'은 '위쪽'이라는 뜻으로 아래쪽을 가리키고 있는 사진과 일치하지 않으므로 정답은 X입니다. '아래쪽'은 '下面'입니다.

24. ───────────── 핵심 단어 学生

'学生'은 학생이라는 뜻으로 선생님이 있는 사진과 일치하지 않으므로 정답은 X입니다. '선생님'은 '老师'입니다.

25. ───────────── 핵심 단어 中国菜

'中国菜'는 '중국요리'라는 뜻으로 햄버거가 있는 사진과 일치하지 않습니다. 정답은 X입니다.

26. ───────────── 핵심 단어 谁, 做

'这是谁做的?'는 '이것은 누가 만든 건가요?'라는 뜻으로, 문장에 정보가 많지 않아 쉽게 답을 고를 수 없습니다. 그 중 가장 근접한 것은 난장판이 된 방 사진일 수 있습니다. 정답은 C입니다. 빨리 정답을 찾을 수 없다면 아는 다음 문제를 먼저 풀어 보는 것도 방법입니다.

27. ───────────── 핵심 단어 几, 点, 怎么, 来

'现在几点? 他怎么没来?'는 '지금 몇 시인가요? 그는 왜 안 오나요?'로 해석됩니다. 시간과 연관이 있는 것은 12시 반을 가리키고 있는 사진 D와 시계를 보며 기다리고 있는 사진 F가 있습니다. 둘 중 시계를 보고 있는 사진 F가 정답입니다.

28. ───────────── 핵심 단어 同学, 后面, 去, 坐

'你的同学在后面，你去后面坐。'는 '너의 친구는 뒤쪽에 있어. 너 뒤쪽으로 가서 앉아.'라는 뜻입니다. 문장의 '坐'를 확인하면 의자가 있거나 교통수단이 나온 사진을 찾아야 합니다. 정답은 버스에 뒤쪽이 비어있는 사진 E입니다.

29. ───────────── 핵심 단어 点, 分, 吃, 午饭

'12点30分了，我们去吃午饭吧。'는 '12시 30분이야. 우리 점심 먹으러 가자.'라는 뜻입니다. 정확한 시간이 나온 문장으로 12시 30분을 가리키고 있는 시계 사진 D가 정답입니다. 제29번의 답이 D가 확실해지면서 제27번의 답은 F가 됩니다.

30. ───────────── 핵심 단어 饭店, 前面

'你看，我们的饭店在前面。'은 '봐 봐. 우리 호텔은 앞에 있어.'라는 뜻입니다. 핵심 단어인 '饭店'으로 쉽게 정답을 사진 A로 연결할 수 있습니다. 제2부분 문제 중 가장 정답이 확실하지 않았던 제26번은 C가 정답입니다.

31. ───────────── 핵심 단어 哪儿, 读, 书

'他在哪儿读书?'는 '그는 어디에서 공부하나요?'라는 뜻입니다. '哪儿'은 장소를 물을 때 사용되는 의문대명사입니다. 장소 표현은 '베이징대학'이라고 하는 C '北京大学'가 유일합니다. '读书'는 '看书'와 함께 '책을 읽다'라는 뜻이지만, '공부하다'라는 뜻도 있습니다.

32. ───────────── 핵심 단어 老师, 书, 多

'李老师的书多不多?'는 '리 선생님의 책은 많나요?'라는 뜻입니다. 긍정 표현과 부정 표현을 연달아 사용하여 의문문을 만드는 것을 '정반의문문'이라고 합니다. 대답할 때는 정반의문문의 긍정 표현과 부정 표현 중 하나로 대답하면 됩니다. '多'나 '不多'가 들어가면 되니, '很多'로 시작하는 A가 정답이 됩니다. '很多，50多本。'은 '많아요. 50여 권이요.'라는 뜻입니다.

33. ───────────── 핵심 단어 坐, 出租车, 多少, 钱

'坐出租车来这儿多少钱?'은 '택시를 타고 여기에 오면 얼마인가요?'라는 뜻입니다. '多少钱'은 가격을 묻는 표현으로 숫자가 나오는 대답 A, B 중에서 돈을 표현할 때 사용하는 '块'가 나오는 B가 정답입니다. '25块'는 '25위안'이라는 뜻입니다.

34. ── 핵심 단어 东西, 你, 的

'那些东西是你的吗?'은 '그것들은 네 것이니?'라는 뜻입니다. 이 질문에 대한 답으로는 우선 '맞다, 아니다'로 시작하는 것이 자연스럽습니다. '맞다'라고 대답하는 '是'는 단독으로 쓰이기보다는 '的'와 함께 '是的'로 표현합니다. '맞아, 모두 내 것이야.'라고 답한 E '是的, 都是我的。'를 답으로 고를 수 있습니다.

35. ── 핵심 단어 天气, 怎么样

'今天天气怎么样?'은 '오늘 날씨가 어떤가요?'라고 날씨를 묻는 표현입니다. 답으로는 '춥지도 않고 덥지도 않아.'라는 뜻의 D '不冷不热。'가 가장 적절합니다.

36. ── 핵심 단어 昨天, 北京

제시된 문장에서 빈칸 뒤에 있는 단어는 고유명사 '北京(베이징)'입니다. 고유명사 앞에 주로 사용되는 동사로 '去' '住'가 있습니다. 앞에 '昨天(어제)'이라는 단어도 있고, 장소를 나타내는 단어 앞에 제시되었기 때문에 동사 '去'가 가장 적절합니다. '听说, 小明昨天去北京了。'는 '듣자 하니 샤오밍이 어제 중국에 갔다고 한다.'라는 뜻입니다.

37. ── 핵심 단어 这里, 好

'这里'는 주로 문장을 시작하는 단어로 쓰이거나 '在'와 함께 쓰입니다. '这里' 앞에 빈칸이 있으므로 문장의 뜻을 잘 파악해야 합니다. 사진 찍을 때 많이 들을 수 있는 '여기 보세요.'라는 표현을 만들기 위한 동사 '看'이 정답입니다. '看这里, 一、二、三, 好。'는 '여기 보세요. 하나, 둘, 셋, 좋습니다.'라는 뜻입니다.

38. ── 핵심 단어 的, 买

'的' 뒤에는 주로 명사가 위치합니다. 선택지에 명사로는 '时候'가 제시되어 있으므로 바로 정답이 됩니다. '时候'는 '~하는 시점'을 뜻하는 말로, 주로 '的'와 결합하여 '~할 때'의 무형으로 많이 사용됩니다. '你回家的时候买苹果, 好吗?'는 '네가 돌아올 때 사과를 사 와. 괜찮니?'라는 뜻입니다.

39. ── 핵심 단어 来, 中国, 学习, 几, 年

남자가 '你来中国学习几年了?(너는 중국에 와서 몇 년 동안 공부했니?)'라고 물었습니다. '几'로 물으면 대답에 숫자가 있어야 합니다. 제시된 유일한 숫자 '三'이 정답입니다. 여자는 '来这儿学习三年了。(여기에 와서 공부한 지 3년이 되었어.)'라고 대답합니다.

40. ── 핵심 단어 想, 喝, 水

물음에 대한 답으로 '我想喝水。(나는 물을 마시고 싶어.)'라고 했습니다. 그러면 무엇을 마시고 싶냐는 질문이 있어야 합니다. 선택지에서 유일한 의문대명사인 '哪'가 정답입니다. '哪' 뒤에 숫자나 양사를 사용하여 사람이나 장소, 사물 중 하나를 나타냅니다. '你想喝哪一个?'는 '너는 어떤 것을 마시고 싶니?'라는 뜻입니다.

● 완벽히 외운 단어에 체크해 봅시다.

■ 爱 ài 동 사랑하다, 좋아하다

■ 八 bā 수 8, 여덟

■ 爸爸 bàba 명 아빠

■ 杯子 bēizi 명 컵

■ 北京 Běijīng 고유 베이징

■ 本 běn 양 권

■ 不 bù 부 ~ 아니다

■ 不客气 bú kèqi 천만에요

■ 菜 cài 명 요리, 음식

■ 茶 chá 명 차

■ 吃 chī 동 먹다

■ 出租车 chūzūchē 명 택시

■ 打电话 dǎ diànhuà 전화를 하다

■ 大 dà 형 (나이가) 많다, 크다

■ 的 de 조 ~의

■ 点 diǎn 양 시

■ 电脑 diànnǎo 명 컴퓨터

■ 电视 diànshì 명 텔레비전, TV

■ 电影 diànyǐng 명 영화

■ 东西 dōngxi 명 물건

■ 都 dōu 부 모두, 다

■ 读 dú 동 읽다, 공부하다

■ 对不起 duìbuqǐ 미안합니다

■ 多 duō 대 얼마나

■ 多少 duōshao 대 얼마나

■ 儿子 érzi 명 아들

■ 二 èr 수 2, 둘

■ 饭店 fàndiàn 명 호텔

■ 飞机 fēijī 명 비행기

■ 分钟 fēnzhōng 양 분

■ 高兴 gāoxìng 형 기쁘다

■ 个 gè, ge 양 개, 명

■ 工作 gōngzuò 동 일하다

■ 狗 gǒu 명 개

■ 汉语 Hànyǔ 고유 중국어

■ 好 hǎo 형 좋다

■ 号 hào 양 일 [날짜를 가리킴]

■ 喝 hē 동 마시다

■ 和 hé 개 ~과

■ 很 hěn 부 매우, 아주

■ 后面 hòumiàn 명 뒤, 뒤쪽

■ 回 huí 동 돌아가다, 돌아오다

■ 会 huì 조동 ~할 줄 알다, ~할 수 있다

■ 几 jǐ 대 몇

■ 家 jiā 명 집

■ 叫 jiào 동 ~이라고 부르다

■ 今天 jīntiān 명 오늘

■ 九 jiǔ 수 9, 아홉

■ 开 kāi 동 운전하다, 열다

■ 看 kàn 동 보다

- 看见 kànjiàn 동 보다, 보이다
- 块 kuài 양 위안 [중국의 화폐 단위]
- 来 lái 동 오다
- 老师 lǎoshī 명 선생님
- 了 le 조 ~했다, ~됐다
- 冷 lěng 형 춥다
- 里 lǐ, li 명 안쪽
- 六 liù 수 6, 여섯
- 妈妈 māma 명 엄마
- 吗 ma 조 ~입니까?
- 买 mǎi 동 사다
- 猫 māo 명 고양이
- 没关系 méi guānxi 괜찮습니다
- 没有 méiyǒu 동 없다
- 米饭 mǐfàn 명 쌀밥, 밥
- 名字 míngzi 명 이름
- 明天 míngtiān 명 내일
- 哪 nǎ 대 어느, 어떤
- 哪儿 nǎr 대 어디
- 那 nà 대 그, 저
- 呢 ne 조 ~은요?
- 能 néng 조동 ~할 수 있다
- 你 nǐ 대 너, 당신
- 年 nián 명 해, 년
- 女儿 nǚ'ér 명 딸

- 朋友 péngyou 명 친구
- 漂亮 piàoliang 형 예쁘다
- 苹果 píngguǒ 명 사과
- 七 qī 수 7, 일곱
- 前面 qiánmiàn 명 앞, 앞쪽
- 钱 qián 명 돈, 화폐
- 请 qǐng 동 청하다, 부탁하다
- 去 qù 동 가다
- 热 rè 형 덥다
- 人 rén 명 사람
- 认识 rènshi 동 알다
- 三 sān 수 3, 셋
- 商店 shāngdiàn 명 상점
- 上 shàng, shang 명 위
- 上午 shàngwǔ 명 오전
- 少 shǎo 형 적다
- 谁 shéi 대 누구
- 什么 shénme 대 무엇, 무슨
- 十 shí 수 10, 열
- 时候 shíhou 명 때, 시각
- 是 shì 동 ~이다
- 书 shū 명 책
- 水 shuǐ 명 물
- 水果 shuǐguǒ 명 과일
- 睡觉 shuìjiào 동 잠을 자다

- 说 shuō 동 말하다
- 四 sì 수 4, 넷
- 岁 suì 양 살, 세
- 他 tā 대 그
- 她 tā 대 그녀
- 太 tài 부 너무, 매우
- 天气 tiānqì 명 날씨
- 听 tīng 동 듣다
- 同学 tóngxué 명 학교 친구, 동급생
- 喂 wéi 감탄 여보세요
- 我 wǒ 대 나
- 我们 wǒmen 대 우리
- 五 wǔ 수 5, 다섯
- 喜欢 xǐhuan 동 좋아하다
- 下 xià 명 아래, 밑
- 下午 xiàwǔ 명 오후
- 下雨 xiàyǔ 동 비가 오다
- 先生 xiānsheng 명 선생, 씨
- 现在 xiànzài 명 지금, 현재
- 想 xiǎng 조동 ~하고 싶다
- 小 xiǎo 형 작다
- 小姐 xiǎojiě 명 아가씨
- 些 xiē 양 조금, 약간
- 写 xiě 동 쓰다
- 谢谢 xièxie 고맙습니다

- 星期 xīngqī 명 요일
- 学生 xuéshēng 명 학생
- 学习 xuéxí 동 공부하다
- 学校 xuéxiào 명 학교
- 一 yī 수 1, 하나
- 一点儿 yìdiǎnr 수량 조금, 약간
- 衣服 yīfu 명 옷
- 医生 yīshēng 명 의사
- 医院 yīyuàn 명 병원
- 椅子 yǐzi 명 의자
- 有 yǒu 동 있다
- 月 yuè 명 월, 달
- 再见 zàijiàn 동 안녕, 또 만나자
- 在 zài 개 ~에서 / 동 ~에 있다
- 怎么 zěnme 대 어떻게
- 怎么样 zěnmeyàng 대 어떻다
- 这 zhè 대 이, 이것
- 中国 Zhōngguó 고유 중국
- 中午 zhōngwǔ 명 점심, 정오
- 住 zhù 동 살다, 거주하다
- 桌子 zhuōzi 명 책상, 탁자
- 字 zì 명 글자
- 昨天 zuótiān 명 어제
- 坐 zuò 동 (교통수단을) 타다, 앉다
- 做 zuò 동 (활동이나 일을) 하다